A. JOANNIDÈS

LA

COMÉDIE-FRANÇAISE

1906

AVEC UNE PRÉFACE

DE

PIERRE LAUGIER

SOCIÉTAIRE DE LA COMÉDIE-FRANÇAISE

PARIS

LIBRAIRIE PLON

PLON-NOURRIT et Cⁱᵉ. IMPRIMEURS-ÉDITEURS

RUE GARANCIÈRE, 8

1907

Cet ouvrage a été tiré à 150 exemplaires numérotés à la presse, dont 16 exem-plaires sur papier de Hollande, numérotés 1 à 16.

Exemplaire nº

LA

COMÉDIE-FRANÇAISE

1906

DU MÊME AUTEUR

La Comédie-Française de 1680 à 1900. (Dictionnaire général des pièces et des auteurs.) Avec une préface de Jules Claretie. 1901. Un volume grand in-8°, tiré à 250 exemplaires numérotés à la presse. *(Épuisé)*.

La Comédie-Française, 1901. Avec une préface de Georges Monval, archiviste du Théâtre-Français. Un volume grand in-8°. . . . . 7 fr. 50

La Comédie-Française, 1902. Avec une préface de J. Truffier, sociétaire de la Comédie-Française. Un volume grand in-8°. . . . . 7 fr. 50

La Comédie-Française, 1903. Avec une préface de L. Leloir, sociétaire de la Comédie-Française. Un volume grand in-8°. . . . . 7 fr. 50

La Comédie-Française, 1904. Avec une préface de Coquelin cadet, sociétaire de la Comédie-Française. Un volume grand in-8°. . . . . 7 fr. 50

La Comédie-Française, 1905. Avec une préface par un vieil amateur. Un volume grand in-8° . . . . 7 fr. 50

PARIS. TYPOGRAPHIE PLON-NOURRIT ET Cⁱᵉ, RUE GARANCIÈRE, 8. — 9326.

A. JOANNIDÈS

LA
COMÉDIE-FRANÇAISE
1906

AVEC UNE PRÉFACE

DE

PIERRE LAUGIER

SOCIÉTAIRE DE LA COMÉDIE-FRANÇAISE

PARIS

LIBRAIRIE PLON

PLON-NOURRIT et Cie, IMPRIMEURS-ÉDITEURS

RUE GARANCIÈRE. 8

1907

A

C. BERETTA

Très affectueusement

A. J.

des
de l
a

AVERTISSEMENT

Désirant simplifier les recherches de nos lecteurs, nous publierons désormais, dans chaque brochure annuelle, une *Table alphabétique générale de toutes les pièces représentées depuis 1901*.

En regard de chaque titre de pièce se trouvera l'indication de l'année, ou des années, où cette pièce a été jouée.

Cher Monsieur Joannidès,

Vous souvenant de ma joie à la première apparition de votre admirable ouvrage de statistique et de travail acharné, vous avez eu, cette année, l'idée de me demander d'écrire l'introduction à votre volume de 1906. C'était un soir de septembre dernier, dans ma loge, pendant une représentation du *Marquis de Villemer*. Je vous fis part immédiatement de mon embarras, de mes craintes :

« Mon cher ami, votre démarche me touche profondément; mais comment mener à bien la tâche que vous me demandez d'accomplir? Je ne pourrai que répéter et moins bien, hélas! les choses déjà dites par mes prédécesseurs en préfaces. »

Je fus arrêté d'un geste :

« Mais si, je vous assure, il y a des sujets à traiter; parlez-nous, par exemple, de la mise en scène... Que sais-je? *Surtout, ne parlez pas de moi*. Allons, c'est entendu, je compte sur vous? » — « Comptez sur moi! »

Et je restai seul dans ma loge. — Et tout en descendant l'escalier conduisant à la scène, je me disais : « Comme c'est simple! Écrire une préface pour le Joannidès de 1906, sans parler de Joannidès! Comment! Moi qui pousse l'amour de la statistique jusqu'à la manie, qui, depuis mon entrée à la Comédie-Française, écris jour par jour toutes mes répétitions, toutes les distributions dont je fais partie, toutes

les représentations dans lesquelles je parais, et qui ai failli vingt fois
abandonner ce travail tout personnel pourtant, faute de patience, je ne
pourrais pas crier à Joannidès mon admiration pour sa persévérance et
le remercier du fond du cœur de sa tendresse pour notre maison et
pour nous-mêmes? Car il faut aimer les gens pour se donner tant de
peine à leur sujet! Allons donc!

« Je lui dirai, par exemple, l'intérêt et la mélancolie que l'on éprouve
en lisant la liste complète des pièces jouées à la Comédie depuis 1680
jusqu'à nos jours. Combien d'œuvres vaincues par le temps, par l'évo-
lution des idées! Que d'efforts, que de talents disparus! Oui, c'est cela,
voilà mon sujet trouvé!... Ah! oui, mais, malheureusement pour moi,
M. Claretie l'a eue déjà cette idée, et il l'a exprimée mieux que je ne
saurais le faire. Cherchons autre chose... Ah! cette fois, m'y voici. Je
parlerai à Joannidès des nomenclatures dressées par lui, et avec quelle
exactitude, des rôles joués par nous tous depuis nos débuts. La touchante attention! Grâce à lui, en effet, la carrière fugitive d'un comédien
ne disparaîtra plus tout à fait; et les amateurs pourront, en consultant
ces listes, se rendre un compte exact de ce que tel ou tel d'entre nous
aura fait durant sa vie artistique... Allons bon! C'est Truffier cette fois
qui m'a devancé! Et Coquelin cadet, et Leloir, et Monval, notre archiviste si érudit et si passionné pour sa profession, et ce *Vieil Amateur*, bien
souvent présent à notre bibliothèque, n'est-ce pas, cher et dévoué
Coüet, tous ont dit ce qu'il fallait. Décidément, je ne me suis pas
trompé, ce que me demande Joannidès est impossible. »

Et le spectacle fini (car tout en réfléchissant, j'avais continué à
incarner, oh! sans grande attention, je m'en accuse, le brave comte de
Dunières), je rentrai chez moi bien décidé, mon cher ami, à vous
supplier de me relever de mes fonctions de « faiseur de préface ».

Le lendemain soir la Comédie me laissait ma liberté. Après dîner
j'ouvris ma bibliothèque pour y choisir un compagnon, et mon regard
tomba sur la collection des Joannidès placée à portée de ma main. Je
pris machinalement le premier volume, celui qui va tout simplement
de 1680 à 1900; deux cent vingt ans de renseignements et de statistique sans une erreur, et je commençai à le parcourir, à le feuilleter,

debout, devant ma bibliothèque ouverte... puis peu à peu, sans m'en apercevoir, j'allai, lisant toujours, m'asseoir à ma table de travail. Je parcourais les répertoires contenant le nombre des représentations des différentes pièces de Corneille, de Molière et de Racine.

Que de réflexions suggèrent ces simples chiffres! Et que les gens légers qui nous disent : « Vous admirez telle ou telle œuvre parce qu'elle est signée de Molière, de Corneille ou de Racine! Si elle était signée d'un inconnu, il y a beau temps que vous ne la joueriez plus! Assez de ces vieux radoteurs! Place aux autres! » Que ces gens-là font donc preuve de peu de clairvoyance et de savoir!

Le public, éternelle moyenne de bon sens, d'appréciation, de justice... et d'injustice aussi, fut plus dur pour ces hommes de génie que pour beaucoup d'autres! N'en doutez pas. Le Cid, Horace, Polyeucte, Cinna ne purent obtenir de circonstances atténuantes pour dix autres pièces de Corneille tombées, celles-là, le jour de leur apparition ou disparues après quelques années de lutte et de représentations de plus en plus rares! Et il fallut le tri-centenaire de l'auteur du Cid pour prouver au public que Rodogune, Nicomède et La Mort de Pompée ne méritaient pas son mépris.

Il en est de même pour les autres.

La puissance mirifique du nom de Molière n'a pu faire conserver au Répertoire La Princesse d'Élide, pourtant si jolie par endroits, ni Don Garcie de Navarre, ni même, hélas! la délicieuse Psyché qu'on ne joue plus que de loin en loin et par fragments. La reprise de L'Amour médecin fut de courte durée, et dites-moi, je vous prie, quel auteur en vogue tolérerait qu'une de ses pièces de la valeur de Don Juan restât depuis plus de trente ans éloignée de la scène?

Le Barbier de Séville et Le Mariage de Figaro n'ont pas sauvé La Mère coupable, leur conclusion cependant; et les représentations relativement récentes de La Surprise de l'amour n'ont servi qu'à prouver que Les Fausses confidences, Le Jeu de l'amour et du hasard et L'Épreuve sont les chefs-d'œuvre de Marivaux.

Et je tournais les pages, assistant, pour ainsi dire, aux disparitions successives d'auteurs, d'œuvres sûrement appréciables pourtant, mais ne répondant plus à l'esthétique du moment; voyant, au contraire, les chefs-d'œuvre se dresser de plus en plus vivaces.

Ah! voici le dix-neuvième siècle!... Les luttes des Classiques et des Romantiques, luttes sans vainqueurs ni vaincus, productrices seulement de plus grands efforts couronnés de succès. Casimir Delavigne avec *Louis XI*, Dumas père avec *Charles VII, Henri III et sa cour, Mlle de Belle-Isle;* le formidable Hugo avec *Hernani, Ruy Blas, Les Burgraves, Marion de Lorme,* œuvres impérissables; l'admirable et délicieux Musset; François Ponsard surnommé le chef de l'école du bon sens, injure suivant les uns, suprême hommage suivant les autres, puis Émile Augier et Dumas fils, deux admirables maîtres! Tout un passé glorieux se rapprochant et devenant insensiblement pour moi le présent.

Et je lisais toujours.

Les titres des pièces vues par moi dans ma jeunesse de lycéen passaient devant mes yeux de plus en plus fréquents, évoquant des distributions admirables : Got, Delaunay mon maître, Coquelin, Thiron, Barré, Maubant et notre doyen Mounet-Sully, jeune sociétaire alors, et Worms et Febvre; puis Madeleine Brohan, grande dame de théâtre, Jouassain, si étonnante de drôlerie, Reichenberg et Barretta, si délicieuses, et la pauvre Jeanne Samary, morte en plein talent, et Barlet qui débutait... et de quelle manière! Que de belles et inoubliables soirées!

Ah! voici 1882! Mon entrée au Conservatoire — chez Delaunay. Quelles agréables promenades dans les bois de Versailles avec mon maître! Quelles intéressantes causeries sur le théâtre!

Et je pensais à nos tournées de province si amusantes, aux soirées passées à la Comédie. On s'amusait et on admirait tout à la fois.

Année 1885. — Mon regard s'accroche à cette ligne : *Tartuffe,* dix-neuf fois. — Mon premier début — dans Orgon! 23 septembre. Il y a vingt et un ans! Ah! cette journée! Depuis mon entrée au Conservatoire, j'y pensais, je la prévoyais, je l'attendais... avec tranquillité; la jeunesse ne doute de rien; faiblesse et force tout à la fois. Enfin elle était arrivée, cette journée! Après une dernière répétition, je regagnais joyeux et insouciant ma demeure. quand tout à coup, en traversant le

Pont des Saints-Pères, je vis, venant en sens inverse, un allumeur de réverbères : ce brave fonctionnaire s'arrêta un instant et le réverbère que j'allais atteindre devint subitement brillant. Le soir tombait. Et je me dis, devenu subitement sérieux : « Ah! ah! quand on l'éteindra demain matin, ce réverbère, mon début aura eu lieu et la partie sera gagnée... ou perdue! diable. »

A ce moment précis, je sentis comme un léger pincement au cœur, puis un fourmillement dans le dos, dans les jambes et jusque dans les cheveux... Le trac! l'abominable trac m'envahissait et de la plus horrible manière, celle qui fait trembler les lèvres, perdre la mémoire, et glace la physionomie! Misérable réverbère!! Je rentrai chez moi, dînai à peine, fus insupportable pour tout le monde : puis, comme un condamné montant dans la charrette suprême, je bondis dans un fiacre, arrivai fou au théâtre, montai dans ma loge, m'habillai tant bien que mal (plutôt mal) et, poussé par mes camarades, pâle, sans couleur, j'entrai en scène où Maubant, qui jouait Cléante, me déclara avec placidité qu'il était ravi de me voir et que, d'après lui, *la campagne à présent n'était pas beaucoup fleurie!* Ah! je m'en moquais pas mal de la campagne fleurie ou non. Ou plutôt j'aurais bien voulu y passer ma vie à ce moment-là! Je répondis à Maubant, en hurlant de peur, que je voulais d'abord savoir des nouvelles de Tartuffe. Et la soirée continua pour moi dans un cauchemar de terreur et de folie.

Le spectacle fini, rentré chez moi dans un état nerveux que vous soupçonnez sans difficulté, je m'endormis et voici, je vous en donne ma parole, le rêve qui vint me calmer. Il me semblait que je jouais Harpagon de *L'Avare* au milieu de gens qui interprétaient *Tartuffe*, et Delaunay me disait après chaque scène : « Oui, c'est une erreur, mais ne vous troublez pas, allez vite et personne ne s'en apercevra. »

Je me réveillai vers huit heures, bien, bien fatigué, je vous assure.

Les journaux déclarèrent que j'avais joué Orgon avec beaucoup d'expérience et d'habitude des planches, et même avec un peu trop d'aplomb.

Voilà, mon cher ami, l'histoire de mon premier début.

A partir de cette année 1885, votre ouvrage devient pour moi un ami intime et sûr. Pas une date, pas un titre de pièce qui ne me rappelle un fait de ma carrière de comédien.

Le séjour à Londres, la tournée de France, mon sociétariat, jours heureux, puis 1900, l'Incendie! Notre roman tragi-comique à travers Paris : l'Odéon, la rue Blanche, le théâtre Sarah-Bernhardt; puis notre rentrée au bercail... bien changé, hélas! Mes espérances, mes réussites, mes inquiétudes, mes désillusions, tout est là présent dans ces courtes lignes, formées d'un seul titre de pièce, d'une date ou d'un nom de rôle; puis, entre ces lignes, visible pour moi seul, apparaît le Passé que j'aime tant à faire revivre en moi, mon Passé avec ses joies, ses douleurs cruelles et irréparables, hélas! devenues, avec le temps, tristesses résignées et presque douces! Toute ma vie enfin revécue en une soirée, soirée délicieuse, exquis tête-à-tête avec le Joannidès!

— Ah! oui, le Joannidès, ouvrage remarquable de persévérance et d'exactitude, histoire froide et précise de la Comédie-Française!

— Non, mon cher ami, le Joannidès, Dictionnaire des souvenirs!

A vous d'affection sincère.

[Écrit en septembre 1906].

PIERRE LAUGIER.

« ... le Joannidès, Dictionnaire des souvenirs! » — Hélas! on dirait que notre pauvre ami Laugier en écrivant cette phrase, et d'ailleurs toute cette dernière page empreinte d'une si douce mélancolie, avait le pressentiment qu'elle ne serait pas lue de son vivant.

En effet Pierre Laugier est mort le 11 janvier 1907.

Nous parlerons de lui, en tant qu'artiste, dans notre brochure de l'année prochaine, mais nous tenons aujourd'hui à dire un douloureux adieu au préfacier exquis, à l'ami sincère et sûr.

A. J.

LA
COMÉDIE-FRANÇAISE
1906

Administrateur Général

M. Jules Claretie. (20 octobre 1885.)

Comité d'administration

Président : M. Jules Claretie.
Membres : MM. Mounet-Sully, Coquelin cadet, Silvain, Le Bargy,
de Féraudy, Leloir.
Membres suppléants : MM. Lambert, P. Mounet.
Secrétaire : M. G. Monval.

Inspecteur des services de la scène : M. Prud'hon.
Lecteurs : MM. E. Noël, H. Lemaire.
Secrétaire et contrôleur général : M. E. Duberry.
Bibliothécaire-archiviste : M. G. Monval.
Sous-bibliothécaire : M. J. Coüet.
Caissier : M. Toussaint.
Régisseur : M. Morière.
Contrôleur en chef : M. Courcier.
Chef de musique : M. Léon.
2e Chef d'orchestre : M. Letorey.
Chef machiniste : M. Nicoulès

1

Conseil judiciaire

(Liste des membres par ordre d'ancienneté.)

MM. Carraby, avocat à la Cour d'appel.

P. Donon, notaire.

E. Denormandie, avoué de 1re instance.

P. Dufourmantelle, avocat au Conseil d'État et à la Cour de cassation.

M. Girard, agréé au Tribunal de commerce.

H. Du Buit, avocat à la Cour d'appel.

Ferdinand-Dreyfus, avocat à la Cour d'appel.

G. Mérandon, avoué à la Cour.

Membre suppléant.

R. Allou, avocat à la Cour d'appel.

SOCIÉTAIRES

Messieurs

Baillet (G.). Débute le 18 novembre 1875, dans *les Femmes savantes*, rôle de Clitandre. Nommé sociétaire le 12 janvier 1887, à compter du 1er janvier 1887. Part, en 1906, onze douzièmes et demi.

Berr (G.). Débute le 13 septembre 1886, dans *les Plaideurs*, rôle de l'Intimé. Nommé sociétaire le 12 janvier 1893, à compter du 1er janvier 1893. Part, en 1906, neuf douzièmes et demi.

Coquelin cadet (E.). Débute le 10 juin 1868, dans *les Plaideurs*, rôle de Petit Jean. Quitte la Comédie-Française en 1875, y rentre le 25 juin 1876. Nommé sociétaire le 30 décembre 1878, à compter du 1er janvier 1879. Part, depuis le 1er janvier 1890, douze douzièmes.

Dehelly (E.). Débute le 5 décembre 1890, dans *l'École des femmes*, rôle d'Horace. Nommé sociétaire le 24 décembre 1902, à compter du 1er janvier 1903. Part, en 1906, cinq douzièmes et demi.

Delaunay (L.) (1). Débute le 17 mai 1896, dans *le Misanthrope*, rôle d'Alceste. Nommé sociétaire le 19 décembre 1904, à compter du 1er janvier 1905. Part, en 1906, quatre douzièmes.

Duflos (R.). Débute le 4 novembre 1884, dans *Hernani*, rôle de Don

(1) Consulter « Faits et Événements importants ».

Carlos. Quitte la Comédie-Française en 1887, y rentre le 19 décembre 1894. Nommé sociétaire le 31 janvier 1896, à compter du 1er janvier 1896. Part, en 1906, huit douzièmes et demi.

Fenoux (J.) (1). Débute le 11 décembre 1895, dans *Andromaque*, rôle d'Oreste. Nommé sociétaire le 6 février 1906, à compter du 1er janvier 1906. Part, en 1906, trois douzièmes.

Féraudy (M. de). Débute le 17 septembre 1880, dans *Amphitryon*, rôle de Sosie. Nommé sociétaire le 12 janvier 1887, à compter du 1er janvier 1887. Part, depuis le 1er janvier 1896, douze douzièmes.

Lambert fils (A.). Débute le 17 septembre 1885, dans *Ruy Blas*, rôle de Ruy Blas. Nommé sociétaire le 14 février 1891, à compter du 1er janvier 1891. Part, depuis le 1er janvier 1904, douze douzièmes.

Laugier (P.). Débute le 23 septembre 1885, dans *Tartuffe*, rôle d'Orgon. Nommé sociétaire le 27 décembre 1893, à compter du 1er janvier 1894. Part, en 1906, huit douzièmes et demi.

Le Bargy (C.). Débute le 27 novembre 1880, dans *les Femmes savantes*, rôle de Clitandre. Nommé sociétaire le 12 janvier 1887, à compter du 1er janvier 1887. Part, depuis le 1er janvier 1896, douze douzièmes.

Leitner (J.). Débute le 31 août 1887, dans *Hernani*, rôle de Don Carlos. Nommé sociétaire le 31 janvier 1896, à compter du 1er janvier 1896. Part, en 1906, six douzièmes et demi.

Leloir (L.). Débute le 9 septembre 1880, dans *l'Avare*, rôle d'Harpagon. Nommé sociétaire le 14 janvier 1889, à compter du 1er janvier 1889. Part, depuis le 1er janvier 1901, douze douzièmes.

Mayer (H.) (2). Débute le 21 mai 1901, dans *le Bonheur qui passe*, rôle de Paul. Nommé sociétaire le 19 décembre 1904, à compter du 1er janvier 1905. Part, en 1906, quatre douzièmes.

Mounet (P.). Débute le 15 juillet 1889, dans *Ruy Blas*, rôle de Don Salluste de Bazan. Nommé sociétaire le 14 février 1891, à compter du 1er janvier 1891. Part, depuis le 1er janvier 1904, douze douzièmes.

Mounet-Sully (J.). Débute le 4 juillet 1872, dans *Andromaque*, rôle d'Oreste. Nommé sociétaire le 18 novembre 1873, à compter du 1er janvier 1874. Doyen de la Comédie-Française depuis 1894. Part, depuis le 1er janvier 1882, douze douzièmes.

Silvain (E.). Débute le 7 mai 1878, dans *Phèdre*, rôle de Thésée. Nommé sociétaire le 14 décembre 1882, à compter du 1er janvier 1883. Part, depuis le 1er janvier 1895, douze douzièmes.

(1-2) Consulter « Faits et Événements importants ».

TRUFFIER (J.). Débute le 7 juillet 1875, dans *le Malade imaginaire*, rôle de Thomas Diafoirus. Nommé sociétaire le 8 février 1888, à compter du 1er janvier 1888. Part, en 1906, dix douzièmes.

MESDAMES

BARTET (J.). Débute le 16 février 1880, dans *Daniel Rochat*, rôle de miss Léa Henderson. Nommée sociétaire le 24 décembre 1880, à compter du 1er janvier 1881. Part, depuis le 1er janvier 1886, douze douzièmes.

DUDLAY (A.). Débute le 27 septembre 1876, dans *Rome vaincue*, rôle d'Opimia. Nommée sociétaire le 14 décembre 1882, à compter du 1er janvier 1883. Part, depuis le 1er janvier 1894, douze douzièmes.

DU MINIL (R.). Débute le 22 septembre 1886, dans *Denise*, rôle de Denise Brissot. Nommée sociétaire le 31 janvier 1896, à compter du 1er janvier 1896. Part, en 1906, huit douzièmes.

KOLB (T.). Débute le 9 décembre 1898, dans *Tartuffe*, rôle de Dorine. Nommée sociétaire le 23 décembre 1903, à compter du 1er janvier 1904. Part, en 1906, cinq douzièmes.

LARA (L.) (1). Débute le 22 septembre 1896, dans *le Monde où l'on s'ennuie*, rôle de Suzanne de Villiers. Nommée sociétaire le 1er mars 1899, à compter du 1er janvier 1899. Part, en 1906, sept douzièmes.

LECONTE (M.) (2). Débute le 9 septembre 1897, dans *la Vie de Bohème*, rôle de Mimi. Nommée sociétaire le 24 décembre 1902, à compter du 1er janvier 1903. Part, en 1906, six douzièmes.

MÜLLER (M.). Débute le 30 décembre 1882, dans *On ne badine pas avec l'amour*, rôle de Rosette. Nommée sociétaire le 12 janvier 1887, à compter du 1er janvier 1887. Part, en 1906, neuf douzièmes et demi.

PIÉRAT (M.) (3). Débute le 22 décembre 1902, dans *l'Autre danger*, rôle de Madeleine. Nommée sociétaire le 19 décembre 1904, à compter du 1er janvier 1905. Part, en 1906, quatre douzièmes.

PIERSON (B.). Débute le 17 mars 1884, dans *l'Étrangère*, rôle de mistress Clarkson. Nommée sociétaire le 22 décembre 1885, à compter du 1er janvier 1886. Part, depuis le 1er janvier 1893, douze douzièmes.

SEGOND-WEBER (C.) (4). Débute le 31 août 1887, dans *Hernani*, rôle de Doña Sol de Silva. Quitte la Comédie-Française en 1888, y rentre le 3 décembre 1900. Nommée sociétaire le 4 mars 1902, à compter du 1er janvier 1902. Part, en 1906, neuf douzièmes.

(1-2-3-4) Consulter « Faits et Événements importants ».

Sorel (C.) (1). Débute le 17 juillet 1901, dans *les Effrontés*, rôle de la marquise d'Auberive. Nommée sociétaire le 23 décembre 1903, à compter du 1ᵉʳ janvier 1904. Part, en 1906, cinq douzièmes.

PENSIONNAIRES

Messieurs

Brunot (A.). Débute le 25 septembre 1903, dans *les Précieuses ridicules*, rôle de Mascarille.

Chouè (J.). Débute le 6 septembre 1899, dans *Ruy Blas*, rôle du marquis de Priégo.

Dessonnes (M.). Débute le 11 octobre 1899, dans *Froufrou*, rôle de Paul de Valréas.

Esquier (C.). Débute le 10 août 1894, dans *les Précieuses ridicules*, rôle de Du Croisy.

Falconnier (P.). Débute le 12 mai 1883, dans *les Demoiselles de Saint-Cyr*, rôle d'un Exempt.

Gaudy. Débute le 6 juillet 1894, dans *les Effrontés*, rôle d'un Domestique.

Grand (G.). Débute le 2 avril 1906, dans *Paraître*, rôle de Jean Raidzell.

Grandval (C.-L.). Débute le 11 décembre 1904, dans *le Legs*, rôle du Chevalier.

Hamel (A.). Débute le 22 novembre 1882, dans *le Roi s'amuse*, rôle d'un Gentilhomme de la Reine.

Joliet (A.). Débute le 17 décembre 1872, dans *le Mariage forcé*, rôle de Pancrace.

Laty. Débute le 3 mai 1898, dans *Adrienne Lecouvreur*, rôle d'un Valet.

Numa (P.). Débute le 10 janvier 1906, dans *le Cœur a ses raisons....* rôle de Lucien de Jullianges.

Ravet (H.). Débute le 18 juin 1899, dans *Hernani*, rôle de Don Matias.

Siblot (C.). Débute le 11 juillet 1903, dans *le Mariage forcé*, rôle d'Alcantor.

Mesdames

Amel (L.). Débute le 3 avril 1881, dans *Tartuffe*, rôle de Mme Pernelle.

Bergé (F.). Débute le 18 décembre 1905, dans *le Réveil*, rôle de Rose de Mégée.

(1) Consulter « Faits et Événements importants ».

Boyer (R.). Débute le 2 décembre 1887, dans *le Légataire universel*, rôle de Lisette.

Cerny (B.). Débute le 2 avril 1906, dans *Paraître*, rôle de Christiane Margès.

Clary (F.). Débute le 28 février 1904, dans *l'Étrangère*, rôle de Mme d'Hermelines.

Dalti (Mitzy-). Débute le 15 mars 1904, dans *l'Ami des femmes*, rôle de Mlle Hackendorf.

Delvair (J.). Débute le 22 décembre 1899, dans *Andromaque*, rôle d'Hermione.

Dussane (B.). Débute le 25 septembre 1903, dans *le Malade imaginaire*, rôle de Toinette.

Faylis. Débute le 23 juillet 1896, dans *les Rantzau*, rôle de Justine.

Fayolle (M.). Débute le 18 septembre 1876, dans *Gabrielle*, rôle de Gabrielle.

Garrick (Y.) (1). Débute le 27 août 1902, dans *l'École des maris*, rôle d'Isabelle.

Géniat (A.). Débute le 11 octobre 1899, dans *Froufrou*, rôle de Pauline.

Lherbay. Débute le 7 janvier 1901, dans *Adrienne Lecouvreur*, rôle d'une Femme de chambre.

Lynnès (M.). Débute le 27 octobre 1889, dans *le Légataire universel*, rôle de Lisette.

Maille (V.). Débute le 14 décembre 1904, dans *Phèdre*, rôle d'Aricie.

Persoons (I.). Débute le 10 mars 1885, dans *Il faut qu'une porte soit ouverte ou fermée*, rôle de la Marquise.

Roch (M.). Débute le 15 février 1903, dans *Andromaque*, rôle d'Hermione.

Silvain (L.). Débute le 11 janvier 1901, dans *Horace*, rôle de Camille.

Sisos (R.). Débute le 19 octobre 1903, dans *l'Aventurière*, rôle de Doña Clorinde.

SOCIÉTAIRES RETRAITÉS

MM. Boucher (1er mai 1901), Coquelin aîné (1er mars 1887), Febvre (2) (1er juillet 1893), La Roche (1er avril 1893), Prud'hon (1er décembre 1901), Worms (1er janvier 1901).

Mmes Barretta (1er janvier 1902), Broisat (31 décembre 1894), Dinah Félix (1er juin 1882), Favart (1er janvier 1880), Granger (1er juin 1895), Judith

(1) Joue pour la dernière fois à la Comédie-Française, le 15 novembre. Part pour se marier.

(2) Officier de la Légion d'honneur depuis le mois de juillet 1906.

(31 janvier 1866), Kalb (1ᵉʳ janvier 1906), Lafontaine (1ᵉʳ septembre 1871), Marsy (1ᵉʳ janvier 1901), Reichenberg (31 janvier 1898), Riquer (1ᵉʳ juillet 1884).

ANCIENNES SOCIÉTAIRES

Mmes Sarah Bernhardt. (Quitte la Comédie-Française le 18 avril 1880.)
Brandès. (Joue pour la dernière fois à la Comédie-Française le 4 janvier 1903.)

PREMIÈRES REPRÉSENTATIONS

Molière, par Boyer	15 Janvier.
Le Parasite (1), par Pailleron	13 Février.
L'Apothéose de Musset, par Olivaint	23 Février
Paraître, par Donnay	2 Avril.
Le Voyage de M. Perrichon (2), par Labiche et Martin	10 Mai.
Stances à Corneille, par Sully-Prudhomme	3 Juin.
Les Victoires, par Francklin	5 Juin.
Les Larmes de Corneille, par Le Lasseur	6 Juin.
Triomphe héroïque, par Zidler	6 Juin.
Salut à Corneille, par Claretie	6 Juin.
Vers l'aube de Corneille, par Houdaille	9 Juin.
Remerciement, par Claretie	12 Juin.
La Fontaine de Jouvence, par Bergerat	5 Juillet.
La Paix chez soi (3), par Courteline	5 Juillet.
Le Prétexte, par Riche	13 Juillet.
La Courtisane (4), par Arnyvelde	16 Octobre.

(1) Cette pièce fut représentée pour la première fois au théâtre de l'Odéon, le 1ᵉʳ septembre 1860, avec la distribution suivante : *Eaque*, M. Thiron. — *Phèdre*, M. Fassier. — *La Esclave*, M. Scipion. — *Myrrhine*, Mlle Debay. — *Lampito*, Mlle Delahaye.
MM. Dessonnes, Brunot, Laty, Mmes Géniat et Clary jouèrent cette pièce à l'Opéra-Comique, le 27 janvier 1906, à la matinée donnée pour le monument d'Édouard Pailleron.

(2) Cette pièce fut représentée pour la première fois au théâtre du Gymnase, le 10 septembre 1860, avec la distribution suivante : *Perrichon*, M. Geoffroy. — *Le Commandant Mathieu*, M. Derval. — *Majorin*, M. Blaisot — *Armand Desroches*, M. Dieudonné. — *Daniel Savary*, M. Landrol. — *Joseph*, M. Leménil. — *Jean*, M. Francisque. — *Un Aubergiste*, M. Blondel. — *Un Guide*, M. Amédée. — *Un Employé du chemin de fer*, M. Louis. — *Mme Perrichon*, Mlle Mélanie. — *Henriette*, Mlle Albrecht.

(3) Cette pièce fut représentée pour la première fois au théâtre Antoine, le 25 novembre 1903, avec la distribution suivante : *Trielle*, M. Signoret. — *Valentine*, Mlle Sandra-Fortier.

Quatre-vingt-treize représentations. (*Almanach des spectacles*, de M. A. Soubies.)
(4) Musique de scène de M. M. Lévy.

Les Mouettes, par ADAM . . . . 14 Novembre.
Poliche, par BATAILLE. . . . . 10 Décembre.
Un Tour de Ninon, par DOCQUOIS . . . . 21 Décembre.

DÉBUTS

M. NUMA. — *Le Cœur a ses raisons*…(Lucien de Jullianges.). 10 Janvier.
M. GRAND. — *Paraître*. (Jean Raidzell.) . . . . 2 Avril.
Mlle CERNY. — *Paraître*. (Christiane Margès.) . . . . 2 Avril.

MARIAGES

M. E. DEHELLY. — Mlle J. NICLOUX . . . . 6 Janvier.
Mlle M. PIÉRAT. — M. V.-L. GUIRAND DE SCEVOLA. . . . . . 31 Janvier.
M. J. FENOUX. — Mlle J. CHAPUIS. . . . . 8 Décembre.

DIVORCE

LE BARGY. . . . . 26 Décembre.

NÉCROLOGIE

C. GIBEAU. . . . . 6 Février.
MÉTRÈME . . . . 28 Avril.

FAITS ET ÉVÉNEMENTS IMPORTANTS

6 Février. — M. Fenoux est nommé sociétaire à compter du 1er janvier 1906. Sa part est de trois douzièmes.

Le comité augmente la part de Mme Segond-Weber, d'un demi-douzième, à compter du 1er janvier 1906.

10 Février. — M. P. Mounet est nommé chevalier de la Légion d'honneur.

18 Février. — 100e représentation de : *le Duel*. (Première représentation le 17 avril 1905.)

Voici la liste des pièces ayant atteint, à la Comédie-Française, cent représentations en une année : *Le Duc Job* (1859). — *Le Fils de Giboyer* (1862). — *Maitre Guérin* (1864). — *Le Lion amoureux* (1866). — *Les Fourchambault* (1878). — *Le Monde où l'on s'ennuie* (1881). — *Denise* (1885). — *Francillon* (1887). — *Cabotins !* (1894).

2 Avril. — Première représentation de : *Paraitre* (1).

« L'auteur de *Paraitre* ne s'est pas contenté de nouer fortement, selon les procédés de l'art racinien, une étude de passion et de caractère ; il l'a diluée, si l'on peut dire, dans un vaste « ensemble ». Sa pièce manque d'unité ; elle ne présente point cette belle et solide architecture qui caractérise les chefs-d'œuvre de la haute comédie classique. Mais elle a les qualités de ses défauts. Elle est brillante, variée, pittoresque ; elle est mouvante, palpitante comme la vie. Et si l'on regrette que la trame en soit trop lâche et le dessin trop fuyant, elle rachète cette insuffisance par une merveilleuse souplesse d'exécution. Ceci explique le ravissement mêlé d'inquiétude du public devant un ouvrage qui, tout en le charmant, a choqué son instinctif besoin d'ordre et de méthode. Finalement, la somme du plaisir l'a emporté, et l'œuvre a été très applaudie. »

(1) Répétition générale : 1er acte, deux rappels ; 2e acte, deux rappels : 3e acte, deux rappels : 4e acte, deux rappels ; 5e tableau, deux rappels.
Première représentation : 1er acte, un rappel ; 2e acte, deux rappels : 3e acte, un rappel ; 4e acte, deux rappels ; 5e tableau, deux rappels.

« *Paraître* offre un singulier mélange de toutes les notes, de tous les genres ; la comédie légère y côtoie le mélo. Imaginez une fusion du *Monde où l'on s'ennuie* et de *la Femme de Claude*, ou encore une symphonie dans laquelle le musicien aurait versé du noble, du familier, du pathétique, du bouffon... C'est un peu cela... Notre esprit latin a un si vif amour de l'ordonnance et de la composition que ces disparates l'irritent.

« J'ai peur que la nouvelle pièce de M. Donnay n'éprouve les effets de ce malaise. Mais si on ne l'approuve pas sans quelque réserve dans son entier, elle mérite qu'on en savoure les morceaux. Ils sont exquis.

. . . .

« Sous cette brillante ornementation de mots, tantôt « plaqués » artificiellement dans le dialogue, et tantôt jaillis spontanément (je préfère ces derniers), on devine un fond de psychologie solide. La plupart des personnages sont modelés d'une main habile et sûre. Des figures innombrables qui circulent dans la pièce, les mieux venues sont peut-être celles du second plan. M. Donnay s'entend à croquer, en trois coups de crayon, une expressive silhouette.

. . . .

« Si j'avais à présenter quelques restrictions, elles porteraient sur les protagonistes, Jean et Christiane... Ce type de femme artificieuse et vénale est coulé dans un moule conventionnel. On ne conçoit pas qu'elle recherche à toute force le scandale d'un divorce et coure au-devant d'une aventure incertaine, alors qu'il lui serait aisé de se faire royalement entretenir par Jean et d'obtenir de sa faiblesse un nombre respectable de millions. Et puis, vraiment, le satanisme de ses ruses est un peu puéril. Jean se laisse duper par elle avec une incroyable facilité. Il est si sot, si crédule, si sec, si ingrat qu'il n'inspire aucun intérêt d'aucune sorte.

. . . .

« En somme, pièce infiniment curieuse, sinon parfaite. Interprétation remarquable. Beaucoup d'esprit. Ce fut une soirée digne de la réputation de l'auteur et du prestige de la Maison. »

(Adolphe BRISSON, *le Temps*, 9 avril 1906.)

« Je voudrais tout aussitôt, avec M. Maurice Donnay, m'expliquer sur les objections ou réserves qu'il me semble bien qu'on puisse adresser à sa pièce, pour arriver ensuite aux qualités de premier ordre qu'elle enferme. Et la première de ces objections, pour ne pas dire la plus importante, la plus saillante, celle qui doit frapper tout esprit ayant une vue *synthétique* du théâtre, c'est que l'intérêt s'y trouve dispersé sur un trop grand nombre de personnages, sans qu'aucun de ceux-ci vienne s'imposer au premier rang de notre imagination comme figure essentielle et directrice. Tel auteur contemporain pèche par excès de synthèse, de condensation, par trop de *ramassé*, si j'ose dire, dans la structure de ses affabulations dramatiques, parce que ses personnages manquent de *dessous*, comme on s'exprime en peinture, parce qu'ils ne sont pas assez *étoffés*... C'est le contraire qu'on observe chez M. Maurice Donnay, et dans cette pièce beaucoup plus encore que dans ses œuvres précédentes : un abus du hors-d'œuvre, une tendance à la dispersion, qui a pour conséquence une fatigue de l'esprit, une difficulté évidente de situer les personnages à *leur plan*. Et parbleu, voilà bien l'image qu'il me fallait pour faire comprendre mon idée! Cette pièce fait songer à certains tableaux, où, dans le nombre des figures esquissées, il ne s'en trouve pas une qui de tout son relief s'impose au premier plan pour attirer et retenir l'attention : c'est défaut de composition, si l'on veut, manque de perspective ou d'atmosphère, et si les procédés de l'art dramatique apparaissent différents de ceux qu'on utilise en peinture, il est bien manifeste — et plus d'une fois nous l'avons marqué — que les lois d'ensemble qui régissent les deux arts ont plus d'un point commun.

« Ces réserves faites — et il fallait les faire parce qu'elles expliquent quelque chose comme un malaise à certains moments dans l'attitude du public — je m'empresse de reconnaître et de proclamer les qualités éminentes qui s'affirment dans *Paraître*. »

(Paul FLAT, *Revue Bleue*, 7 avril 1906.)

« Mlle Leconte n'a que deux scènes; mais comme elle les a jouées! Quelle admirable actrice! La confession qu'elle fait de ses défaillances est un modèle de tact et de vérité. A mesure qu'elle avance dans le douloureux récit, la honte, le remords, la conscience qu'elle a de sa dégradation étranglent sa voix, pâlissent ses joues. On en a, comme elle, le cœur oppressé, la gorge serrée... Et je l'aime mieux encore, s'il est possible, dans la seconde scène. Elle se demande si elle doit céder aux instances de Juliette et lui révéler la trahison de son mari. Elle la regarde anxieusement; ses yeux, pleins d'épouvante, reflètent ce combat intérieur. Cela, c'est du grand art.

. . . .

« Une mention spéciale est due à M. Ravet. Cet acteur ne s'était guère produit que dans les utilités et les confidents de tragédie. Et voici qu'il a conquis d'emblée ses éperons, en campant sur les planches, avec crânerie, la figure vulgaire et puissante du brasseur d'affaires Eugène

Raidzell. Les spectateurs lui ont fait un accueil d'autant plus chaud, que quelque étonnement se mêlait à leur plaisir.

« M. de Féraudy est un baron délicieux de gaieté sournoise et de bonhomie. M. Henry Mayer a rendu excellemment les incertitudes et les fureurs du mari trompé. »

(Adolphe Brisson, *le Temps*, 9 avril 1906.)

« L'interprétation est parfaite. Je tiens à citer d'abord Mlle Marie Leconte qui, dans le joli rôle épisodique de Germaine Lacouderie, s'est montrée tout à fait supérieure. Elle a été délicieuse de touchante ingénuité, de pudeur, d'émotion, d'humble repentir, et la façon dont elle a fait le récit de sa faute est de l'art le plus vrai, le plus naturel et le plus accompli. L'exquise artiste a eu de plus grands rôles, elle n'en a pas eu qui lui aient fait plus d'honneur. »

(Emmanuel Arène, *le Figaro*, 3 avril 1906.)

« Dans l'interprétation, il y avait deux débuts sensationnels : celui de M. Grand et celui de Mlle Cerny. M. Grand (Jean Raidzell) avait ce qu'on nomme en argot de théâtre un faux bon rôle : il s'en est tiré en comédien accompli. Mlle Cerny (Christiane) a réussi au delà de toutes les espérances : elle a incarné son personnage de femme fatale, intelligente et distinguée, avec un tact, une souplesse et une grâce admirables. »

(Paul Souday, *l'Éclair*, 3 avril 1906.)

10 Mai. — Première représentation (à ce théâtre) de : *le Voyage de M. Perrichon.*

« Nous avons revu, avec beaucoup de curiosité, *le Voyage de M. Perrichon*, que la Comédie-Française vient discrètement d'annexer à son répertoire. On ne doit point la blâmer d'avoir offert l'hospitalité à une œuvre légendaire qui fit la joie de plusieurs générations.

. . . .

« Une pièce où se trouvent de si excellents passages ne saurait être tout à fait indifférente. Pourtant, l'ensemble est pauvre, terne, frêle... Et pourquoi? C'est que, sauf Perrichon, il n'y a rien dans l'ouvrage. Les autres personnages sont de vaines ombres. La mère Perrichon n'existe point non plus que la fille.

. . . .

« Les deux amoureux, Armand et Daniel, frisent le grotesque. Et quant au commandant Mathieu, je vous recommande ce militaire qui navigue entre Clichy et la mer de Glace, à la poursuite d'une certaine Anita. C'est à pleurer. L'intrigue qui met aux prises ces fantoches les égale en niaiserie; pas plus qu'eux, elle n'éveille une impression de réalité. La chère est maigre, pour quatre actes qui visent à l'étude de caractères et de mœurs. On s'en contentait ; on se contentait de peu. Nous sommes plus exigeants. Et je crois bien que ceci nous explique la chute soudaine de ce théâtre et qu'il soit tombé si rapidement, en quelques années, dans le discrédit, après avoir touché au comble de la faveur.

. . . .

« M. Perrichon a perdu son ventre en passant de Geoffroy à Coquelin cadet... Mais il n'est pas démontré que Perrichon doive peser cent kilos. On peut concevoir un Perrichon maigre. Coquelin cadet a enlevé très gaiement le premier acte; sa verve burlesque y déchaîne le fou rire... Il joue le rôle selon sa nature et lui communique un mouvement endiablé. »

(Adolphe Brisson, le Temps, 14 mai 1906.)

3 Juin. — Les représentations données en l'honneur du 300e anniversaire de la naissance de Corneille commencent aujourd'hui.

A titre de curiosité nous allons transcrire les recettes faites pendant la « Semaine de Corneille. »

3 Juin. (Soirée). 2,580 francs. (*La Mort de Pompée*, etc.)
4(1) — (Matinée). 6,232 francs. (*Le Menteur, Cinna,* etc.)
5 — (Matinée). 2,476 francs. (*Horace*, etc.)
6 — (Soirée). 3,029 francs. (*Nicomède*, etc.)
7 — (Matinée). 1,460 fr. 50. (*Rodogune*, etc.)
8 — (Soirée). 5,158 francs. (*Polyeucte*, etc.)
9 — (Matinée). 3,522 fr. 50. (*Le Cid*, etc.)
10 — (Matinée). 4,691 fr. 50. (*Polyeucte*, etc)
10 — (Soirée). 2,361 francs. (*Nicomède*, etc.)

Le grand effort artistique fait par la Comédie-Française méritait un meilleur résultat.

Reprise de : *la Mort de Pompée.*

« Il faut dire bien haut que Mme Segond-Weber a dominé, dans *la Mort de Pompée*, toute la troupe. Elle a joué Cornélie avec une force et une sobriété remarquables. On ne saurait exprimer avec plus d'intensité la douleur de la veuve de Pompée, l'admiration qu'elle ressent, malgré tout, pour

(1) Lundi de la Pentecôte.

César et sa volonté de vengeance. La voix d'angoisse, les gestes précis et grands de Mme Segond-Weber, les mouvements de ses voiles blancs et gris, la souffrance de son visage, sa démarche, ses attitudes ont été justement acclamés. »

(Nozière, *Gil Blas*, 5 juin 1906.)

6 Juin. — Reprise de : *Nicomède.*

« Ah! la belle soirée! J'ai souvent reproché à la Comédie-Française de mal jouer le répertoire classique; mais je dois reconnaître que la représentation de *Nicomède* qu'elle vient de nous donner est digne d'elle et digne de Corneille. Tout le monde s'étonnait de voir ce chef-d'œuvre si vivant! C'est que, pour le jouer, les artistes de la Maison ne se sont pas préoccupés d'absurdes traditions. Cette tragédie n'avait point paru sur la scène depuis 1861. Les interprètes n'étaient point obsédés par le souvenir de leurs devanciers : ils avaient l'illusion de se trouver devant une pièce *nouvelle*. M. Silvain l'a lue devant ses camarades comme s'il s'agissait d'un manuscrit inconnu. Sous sa direction, on s'est préoccupé d'exprimer simplement la pensée de l'auteur et le triomphe a été éclatant. Cet exemple nous prouve que les chefs-d'œuvre de Corneille, de Racine, de Molière sembleraient toujours jeunes s'ils ne nous étaient cachés par ce dépôt de conventions et de tics qu'ont laissé sur eux des générations de comédiens. Grattez cette couche de préjugés et d'erreurs, vous retrouvez des pièces radieuses, vivantes. Si la tradition conserve, comme on le prétend, notre littérature nationale, c'est à la façon de la glace qui tuerait une créature, mais qui conserverait en effet son cadavre. Respecter la tradition, ce n'est pas respecter nos génies, mais les inventions plus ou moins ingénieuses d'acteurs et d'actrices. Délivrons nos grands écrivains de ces collaborations contre lesquelles ils n'ont pu protester. Jouons leurs pièces sincèrement.

. . . .

« Il (M. Silvain) a merveilleusement représenté Prusias, le vieux roi de Bithynie, qui est soumis à sa seconde femme Arsinoé comme *le Malade imaginaire* à Béline. Prusias est un grotesque : il tremble devant Rome que représente l'ambassadeur Flaminius, devant son épouse, devant Nicomède, le fils d'un premier lit, qui a conduit ses armées à la victoire et qui est adoré du peuple et des soldats. Prusias n'est pas seulement un lâche; M. Silvain a pensé non sans raison qu'une sensualité sénile l'attachait à Arsinoé. Il a évoqué un vieillard un peu congestionné, noueux, flétri et dont la moelle épinière est dangereusement attaquée. Il a des sursauts de malade. Affolé par la révolte de ses sujets, il n'hésiterait pas à tuer le fils qui l'a fait puissant. Ce bouffon devient tout à coup terrible. **M.** Silvain a exprimé avec une intensité extraordinaire toutes les nuances de ce personnage qui est à la fois le Roi Bobêche et le Sultan Rouge.

. . . .

« Mme Segond-Weber a remporté, dans le rôle de Laodice, un succès aussi éclatant que dans Cornélie et dans Camille. La tâche était singulièrement difficile. Laodice n'est pas un personnage qui se débat dans d'horribles situations ; elle *ne cherche point*, comme dit Corneille à propos de Nicomède, *à faire pitié par l'excès de ses malheurs :* elle inspire l'admiration par *la fermeté de son grand cœur.* Elle oppose aux manœuvres de Prusias et de Flaminius le sentiment de sa dignité royale. Elle ne se laisse pas intimider par les menaces de leur diplomatie ; elle leur répond par des sourires dédaigneux : elle est l'héroïne de l'ironie. Mme Segond-Weber a joué ce rôle, qui appartient presque à la comédie, avec une grâce et une aisance charmantes. Parfois, les révoltes qu'elle réfrène vont la dominer ; déjà sa voix tremble, mais elle se calme ; elle demeure maîtresse d'elle-même comme de l'Arménie. Elle a trouvé des accents moqueurs d'une étonnante noblesse pour répondre à Flaminius qui lui rappelle *que Rome est aujourd'hui la maîtresse du monde :*

> La maîtresse du monde ! Ah ! vous me feriez peur
> S'il ne s'en fallait pas l'Arménie et mon cœur.

« Les applaudissements ont éclaté et la représentation fut interrompue, au cinquième acte, par les acclamations de la salle quand Laodice, apprenant la délivrance de Nicomède, dit à Arsinoé :

> ...Ne craignez plus, Madame ;
> La générosité déjà rentre en mon âme.

« C'est que Mme Segond-Weber, qui avait menacé avec une terrible fureur la reine, a su mettre dans ces mots une allégresse envahissante, une joie immense et pure.

« Ces représentations en l'honneur de Corneille ont grandi Mme Segond-Weber — et aussi **M.** Albert Lambert. J'ai dit avec quel art il a joué Cinna et quel charme il a donné à Curiace. Il s'est montré admirable dans Nicomède. Tendre et gracieux auprès de Laodice, un peu dédaigneux devant le petit Attale, respectueux et impatient en présence du faible Prusias, secoué de colère par les perfidies d'Arsinoé et luttant cependant d'ironie avec cette reine, révolté par l'oppression de Rome que représente Flaminius, il a donné à Nicomède une allure inoubliable. Sa voix semblait plus chaleureuse que jamais, son visage plus mâle, ses gestes plus puissants. Il était bien le héros que les basses intrigues ne peuvent atteindre, qui, par sa seule valeur, sera vainqueur des obscurs complots, qu'on jettera en vain en prison, ou qu'on livrera inutilement à ses ennemis, qui sortira toujours de son cachot et qui échappera à ceux qui pensent le tenir. C'est d'Artagnan ; c'est le grand rôle des mélodrames historiques déjà et même des drames en vers du dix-neuvième siècle. Nicomède porte hardiment le panache romantique. Il annonce Hugo et Rostand. M. Albert Lambert l'a évoqué avec une ardeur passionnée ; au dénouement, il retenait de généreuses larmes en apprenant que son frère Attale était son libérateur. On ne saurait trop le féliciter de ce bel enthousiasme. »

(Nozière, *Gil Blas,* 8 juin 1906.)

... Ne craignez plus, Madame ;
La générosité déjà rentre en mon âme.

« Vous ne vous doutez pas de l'émotion causée par ces vers. Je dois dire que sur les lèvres de Mme Weber ils ont pris un accent délicieux. La tragédienne y a mis un élan, une expansion d'allégresse qui ont transporté l'auditoire. « Qu'importe que cette femme soit méchante et qu'elle ait voulu « me perdre, puisque mon cher amant m'est rendu ! Et je suis trop heureuse « pour n'être pas bonne. » Tout cela était contenu dans l'intonation de Mme Weber, dans l'éclair de ses yeux, dans son sourire illuminé. Et tout cela fut instantanément saisi, acclamé. Il semblait qu'une étincelle électrique eût mis le feu à la salle. On a tort de médire de ce public des premières. Il est bien intelligent.

. . . .

« Quand on lit ces alexandrins, avouons-le, ils paraissent empreints de quelque timidité ; on y voudrait sentir un plus vif bouillonnement. Que diable ! deux frères qui s'adorent et viennent de se le prouver devraient se parler avec moins de cérémonie. C'est la noblesse inhérente au genre tragique. Mais écoutez Albert Lambert. Le frémissement qui est au fond de ce couplet, et non dans sa forme, il l'en fait jaillir avec tant de flamme, une telle ardeur émane de lui, une chaleur d'amitié si cordiale et si franche, qu'on ne peut y résister. On a la gorge serrée, les yeux se mouillent. J'ai cru qu'on ne s'arrêterait pas d'applaudir. Si l'on avait osé, on aurait bissé le morceau. »

(Adolphe Brisson, *le Temps,* 11 juin 1906.)

« Je n'ai pas même eu le loisir d'insister sur le triomphe de M. Albert Lambert fils dans le rôle de Nicomède, de dire à quel haut rang parmi les

jeunes acteurs tragiques la Semaine Cornélienne a placé, d'une façon défi-
nitive, cet artiste si superbement et si sincèrement passionné. »

(Catulle MENDÈS, le Journal, 8 juin 1906.)

5 Juillet. — Première représentation de : *la Fontaine de Jouvence.* Première représentation (à ce théâtre) de : *la Paix chez soi.*

« Si cette petite pièce *(la Fontaine de Jouvence)* était écrite avec simpli-
cité, elle serait tout à fait délicieuse. Elle est gâtée par la forme tantôt
funambulesque et tantôt barbare qu'a adoptée l'auteur. Je ne veux pas dire
qu'il n'y ait pas de bons vers dans ce petit ouvrage. »

(Émile FAGUET, Journal des Débats, 9 juillet 1906.)

« Tous ces chassés-croisés sont un peu laborieux. M. Bergerat possède
cent qualités admirables ; il n'a pas le don de la limpidité, au théâtre du
moins. Dans ses ouvrages, il y a toujours de l'inexpliqué, du paradoxal, du
falot ».

. . . .

« Cette remarque vise la pièce entière, qui manque de netteté, de relief.

. . . .

« Ces vaines sonorités, ces cliquetis d'épithètes, ces jeux de rimes, sous
lesquels la pensée se dissimule, amusent durant cinq minutes et finissent
par lasser. On en éprouve d'autant plus d'agacement que l'auteur, quand il
s'applique (ou plutôt quand il daigne ne pas s'appliquer), parle une langue
franche, saine, exempte d'affectation. Il y a, dans *la Fontaine de Jouvence*,
deux ou trois morceaux délicieux. »

(Adolphe BRISSON, le Temps, 9 juillet 1906.)

« J'ai plaisir à constater le grand succès qu'a remporté la petite comédie
de Georges Courteline, *la Paix chez soi !* Elle avait été très chaleureusement
accueillie par le public d'Antoine. En la faisant mettre dans son répertoire,
la maison de Molière rend un juste hommage à notre auteur comique le
plus franc, le plus simple, le plus gai, le plus humain. »

(NOZIÈRE, Gil Blas, 7 juillet 1906.)

« On a vu au contraire, avec beaucoup de plaisir, la Comédie-Française
adopter avec empressement et grand amour paternel la jolie petite comédie
cruelle *la Paix chez soi*, de M. Courteline. »

(Emile FAGUET, Journal des Débats, 9 juillet 1906.)

2

13 Juillet. — Première représentation de : *le Prétexte*.

« Ces deux petits actes s'étonnent et détonnent dans le cadre de la Comédie, et je ne sais trop comment les catégoriser : répertoire de « second ordre », dira-t-on, moi, je crois plutôt de « troisième ordre », si vous le voulez bien, et ça sera encore très suffisant ! »

(Félix Duquesnel, *le Gaulois*, 14 juillet 1906.)

« Sans M. Berr, nous eussions passé une bien morne soirée. Il a relevé la pièce, lui a prêté quelque grâce. Elle avait besoin de son secours. »

(Adolphe Brisson, *le Temps*, 16 juillet 1906.)

Avec notre impartialité habituelle nous devons reconnaître que cette pièce a toujours eu un très gros succès de rire.

30 Juillet. — Aujourd'hui a eu lieu une assemblée générale des sociétaires, convoquée par M. Jules Claretie, sur l'invitation du ministre de l'Instruction publique.

Comme il l'avait fait précédemment au cours d'une séance du Comité d'administration, l'administrateur général a porté à la connaissance de l'assemblée le désir exprimé par Mlle Brandès de rentrer dans la maison de Molière.

L'assemblée s'est prononcée, par 10 voix sur 15, contre la rentrée de Mlle Brandès.

16 Octobre. — Première représentation de : *la Courtisane*.
« Maintenant, qu'est-ce que *la Courtisane* ?

Un conte de Voltaire écrit en vers honnêtes..

« Simplement une conception d'élève de rhétorique encore plein de ses lectures, mal équilibrée, mal digérée, pas du tout à sa place à la Comédie Française, où le public, habitué à des combinaisons moins naïves, n'a pu l'accueillir qu'avec le sourire d'une pitié bienveillante et étonnée. »

(Félix Duquesnel, *le Gaulois*, 17 octobre 1906.)

« Mais ce n'est d'ailleurs pas là la moralité de la pièce. Et à vrai dire, je me sentirais bien en peine de dégager quoi que ce soit de philosophique ou même de symbolique de cette action obscure, tourmentée et laborieuse où défilent devant nous, soit par les situations soit par les personnages, des souvenirs de *la Fille sauvage*, de *Struensée*, de *Ruy Blas*, de *Notre-Dame de*

Paris, d'*Angelo* et de *l'Ennemi du Peuple*. On pourrait, je m'empresse de le dire, tomber plus mal, comme réminiscences; mais pour nous présenter des idées déjà si souvent exprimées et des scènes qui sont trop présentes à nos mémoires, il faudrait les envelopper tout au moins d'un souffle de poésie, d'une envolée lyrique que l'auteur de *la Courtisane* ne possède pas encore. Je n'ai trouvé au cours de ces cinq actes qu'une scène d'ivresse, très bien conduite, et d'ailleurs admirablement enlevée par Mlle Cerny, dont on puisse louer M. Arnyvèlde et qui indique qu'il ne faut pas désespérer, chez lui, de l'homme de théâtre. »

(Emmanuel ARÈNE, *le Figaro*, 17 octobre 1906.)

« Le drame qu'a imaginé M. Arnyvèlde est morne et vague. Il est construit avec une ingénuité qui désarme la critique. Il y a une certaine comtesse Féline qui brise une écuelle sans qu'on sache pourquoi et qui meurt sans qu'on sache comment. Un vieux roi apparaît et disparaît aussitôt. Nous ignorons le but exact que poursuit le traître Callige et nous ne devinerons jamais ce qu'il est devenu. C'est un art rudimentaire. Nous n'avons même point la consolation d'admirer les idées qu'exprime l'auteur; à la vérité elles sont généreuses; mais elles furent cent fois défendues. M. Arnyvèlde se plaît aux tirades sonores, mais ses vers sont plats et semés d'images surannées. La langue est d'une incertitude inquiétante.

. . . .

« M. Albert Lambert fils a montré un admirable talent pendant le premier acte. Il nous a présenté un adolescent sauvage aux belles attitudes, aux gestes puérils et émouvants, aux yeux d'extase : nous lui devons des minutes merveilleuses. Pendant les autres actes, il n'a qu'à lancer d'une voix chaleureuse des tirades retentissantes : il a noblement crié. »

(NOZIÈRE, *Gil Blas*, 17 octobre 1906.)

« On ne saurait trop louer M. Albert Lambert fils. L'effort de ce jeune tragédien a été récompensé d'un succès unanime. Il a eu, dans sa sauvagerie du premier acte, des ressemblances de Parcival, puis, dans les scènes de prédication sociale, des ressemblances de Jean-Jacques, qui ont, tour à tour amusé, charmé, ému, enthousiasmé le public. »

(Catulle MENDÈS, *le Journal*, 18 octobre 1906.)

« Il est vrai de dire que le personnage de Pyrenna a été incarné par Mme Berthe Cerny avec un merveilleux talent. Insolente, tendre, un peu canaille, comme il convient, souple, tentante, tantôt dominatrice et tantôt passivement soumise, la nouvelle pensionnaire du Français a montré, à travers toutes les nuances de ce rôle, une diversité charmante de composition et d'art. Elle a esquivé, sans en atténuer les audaces, la brutalité de la scène d'ivresse jouée avec une maîtrise supérieure. »

(François DE NION, l'Écho de Paris, 17 octobre 1906.)

14 Novembre. — Première représentation de : *les Mouettes.*

« On observera que ces trois actes sont sévères. Si nous en exceptons Chambalot, que M. Paul Adam nous a présenté avec la fantaisie et l'outrance chères à Mirbeau, les personnages restent un peu flous et il nous est difficile de nous intéresser à Adrienne, à Jean et même à Mme Kervil. Ce ne sont pas les individus qui nous préoccupent, mais le problème moral dont ils nous fournissent les données. J'aurais souhaité qu'ils fussent plus vivants. Si M. Paul Adam avait réalisé ce miracle, il serait l'égal d'Ibsen : il n'est encore que son disciple. »

(NOZIÈRE, Gil Blas, 15 novembre 1906.)

« Ce qui reste constitue une pièce sévère, enveloppée d'une atmosphère ibsénienne, claire dans son sujet, amère et dure dans ses développements. Pourtant elle repose sur une situation poignante et belle. Tout le mal est venu de l'exécution.

. . . .

« J'ai essayé d'indiquer, chemin faisant, les mérites et les défauts de la pièce. C'est l'œuvre inégale et mal équilibrée d'un très haut esprit qui n'a pas encore appris le métier de dramaturge. Il se l'assimilera, s'il le veut, car rien ne lui est impossible, mais il devra imposer à sa tempétueuse imagination le joug d'une méthode sévère. Le théâtre est fait d'ordre, de logique et de clarté. »

(Adolphe BRISSON, le Temps, 19 novembre 1906.)

« Certes, ces trois actes révèlent une fois de plus la supériorité d'un des plus remarquables esprits de ce temps. Mais ils n'ont point toutes les qualités de métier qu'exige la scène. Trop analytiques, ils manquent de ces rapides synthèses et de ces brusques raccourcis dont vit le théâtre. Il en résulte une certaine indécision dans la marche de la pièce. »

(Robert DE FLERS, la Liberté, 16 novembre 1906.)

« M. Paul Adam a reculé devant le dénouement qui était dans la logique de sa pensée, mais qui eût révolté le public (1). »

(Paul SOUDAY, *l'Éclair*, 15 novembre 1906.)

« Ceci, qui est admirable et poignant, eût dû, à mon avis, être la fin de la pièce. L'auteur a préféré esquiver la cruauté de ce dénouement. »

(Louis ARTUS, *le Petit Journal*, 15 novembre 1906.)

« Et à la vérité il est fort heureux qu'il en soit ainsi, car je n'imagine point que le public eût accepté un autre dénouement, bien que celui-ci ne paraisse pas être tout à fait dans la logique et dans le sens de la pièce. »

(Robert DE FLERS, *le Figaro*, 15 novembre 1906.)

« M. Raphaël Duflos a dessiné avec beaucoup de tact et d'autorité le rôle de Chambalot, qui n'est pas tout à fait de son emploi. Je pense à ce que la pièce fût devenue si le personnage avait été confié à un acteur plus comique et plus rond d'allure... »

(Adolphe BRISSON, *le Temps*, 19 novembre 1906.)

« M. Henri Mayer a exprimé avec beaucoup de sincérité et de naturel les hésitations et les angoisses de Jean Kervil. »

(Robert DE FLERS, *le Figaro*, 15 novembre 1906.)

« Mme Lara a été simple, touchante, émue ; elle a merveilleusement exprimé la souffrance profonde, discrète, pudique de Mme Kervil, ses hésitations, ses révoltes, son mysticisme, et l'ivresse de son renoncement. »

(NOZIÈRE, *Gil Blas*, 15 novembre 1906.)

Nous détachons d'un article *(Défense de Chambalot)* de M. Paul Adam, le passage suivant :

« Voulant expérimenter l'action de l'individualisme nouveau dans le milieu traditionnel, puis la réaction de ce milieu sur le ferment, je laissai les personnages se créer, se former, se conduire selon les vérités des incidents probables ou fidèlement observés. Mon unique souci fut de constater scientifiquement les résultats humains d'un tel contact, d'une pareille ren-

---

(1) En effet, le public n'aurait pas, croyons-nous, accepté ce dénouement. Sauf à la répétition générale, nous l'avons toujours vu manifester énergiquement sa désapprobation lorsque le mari commençait par accepter égoïstement l'offre héroïque de sa femme. (N. VII.)

contre. J'ai voulu demeurer sur le plan supérieur, sans un souci de polémiste. Or, il fut bien clair tout de suite qu'un marin breton descendant de deux familles figées dans le devoir ancien et dans le christianisme ne pouvait se dépêtrer de la compassion, de l'honneur, du loyalisme sentimental. Le contraire eût été factice. De même, ce que je crois de très humain dans le caractère d'Yvonne Kervil, c'est qu'elle offre le divorce sincèrement, mais en espérant que sa douleur empêchera le marin d'accepter. Elle offre le sacrifice en préparant une attitude pour qu'il soit refusé! Elle la prépare noblement, car elle risque beaucoup. Et un moment, pour elle, la partie se perd. A mon sens, c'est là toute la vie : nos émotions nous torturent pour des idées qui nous effleurent, nous troublent et ne se réalisent point, manquant de la force nécessaire. Alors il est plaisant d'ouïr nier que cela soit la vie même.

« Mais pour les meilleurs, quelle peine à considérer la lumière comme une chose évidente en soi, et non comme une chose que l'on regarde à travers des lunettes de couleur, couleur nietzschéenne et autres. »

(*Mercure de France,* 15 décembre 1906.)

1er Décembre. — A partir d'aujourd'hui « les dames ne sont reçues aux fauteuils de balcon que sans chapeau ni coiffure, sauf pour les matinées ».

10 Décembre. — Première représentation de : *Poliche* (1).

« La mauvaise série continue à la Comédie-Française. *Poliche* a été une nouvelle déception, la troisième depuis la rentrée, et la plus cruelle des trois. Non pas que la pièce soit précisément pire que *la Courtisane* et que *les Mouettes :* elle se contente de n'être pas sensiblement meilleure. Mais après *Maman Colibri* et *la Marche Nuptiale,* œuvres originales et, malgré leurs défauts, remarquables en somme, on attendait tout autre chose, on attendait beaucoup plus d'un écrivain dramatique comme M. Bataille, que d'un romancier comme M. Paul Adam, et d'un jeune poète comme M. Arnyvèlde. Encore est-il que ce poète débutant et que ce romancier notoire, en écrivant pour la Comédie-Française, avaient visiblement fait effort pour se montrer dignes de la maison. Au contraire, c'est au Vaudeville que M. Bataille a fait jouer des œuvres considérables et substantielles, et c'est à la

(1) Répétition générale : 1er acte, trois rappels; 2e acte, trois rappels; 3e acte, trois rappels; 4e acte, quatre rappels. (Succès tout à fait disproportionné à la valeur de l'ouvrage.) Première représentation : 1er acte, deux rappels; 2e acte, trois rappels; 3e acte, trois rappels; 4e acte, trois rappels.

Comédie-Française qu'il apporte une superficielle et frivole piécette, que certains théâtres du boulevard auraient trouvée un peu trop mince. »

(Paul SOUDAY, *l'Éclair*, 11 décembre 1906.)

« Ceci dit, et mon admiration pour un si remarquable talent sincèrement exprimée, je n'éprouve aucun scrupule à déclarer que *Poliche* ne m'a pas séduit. L'œuvre abonde en de jolis détails, et cependant elle choque; elle contient une situation émouvante et elle n'émeut pas. Je vous donne ici mon impression personnelle, mais je crois bien qu'elle se confond avec celle du public. Regardons-y de près et tâchons d'y voir clair.

. . . .

« Les manifestations de Poliche manquent de finesse, et sans s'exagérer la solennité qui convient à la Comédie-Française, il est certain que l'énormité de ces facéties, cet abus de l'argot, ce ton de mauvaise compagnie n'y sont pas très à leur place. On a la sensation d'un désaccord entre le tableau et le cadre, entre l'air exécuté et l'instrument. Il en résulte un petit malaise.

. . . .

« Voilà le grave défaut de la comédie. Le personnage de Rosine n'est pas clair; il ne nous apparaît pas tel que M. Henry Bataille eût souhaité le peindre; l'exécution a manifestement trahi le dessein de l'auteur. Il eût voulu que nous vissions en Rosine une femme profondément amoureuse; malgré toute notre bonne volonté, nous ne pouvons voir en elle qu'une « grue ».

. . . .

« J'ai hâte, après tant de critiques, d'arriver aux louanges que mérite le poète surprenant, l'artiste prestigieux qu'est M. Bataille. La philosophie qu'il n'a pas introduite dans la donnée générale de sa comédie, il l'a mise dans le détail. Je suis désolé de n'en avoir pas le texte sous les yeux; j'y découperais des parties de dialogue, des phrases, des pensées d'une beauté originale et neuve. »

(Adolphe BRISSON, *le Temps*, 17 décembre 1906.)

« Du point de vue *dramatique* pourtant, cet ouvrage qui est rempli de talent dans le détail, et d'une singulière saveur littéraire comme presque tout ce qu'il écrit, pèche gravement par sa composition et par sa structure, en ce sens que les règles inéluctables de la *progression* n'y sont nullement observées. Le maximum de l'effet est obtenu au second acte, où les scènes de force s'accumulent et se succèdent, après quoi l'on assiste à un ralentissement de l'action, à une dégradation continue qui va jusqu'à l'effacement presque complet des figures. C'est là comme un défi jeté aux lois essentielles de l'art dramatique et l'on s'étonnera à juste titre qu'un artiste aussi expert que M. Henry Bataille et qui a derrière lui plus d'une œuvre vigoureuse, ait pu aussi délibérément s'y résoudre. Ce sera sans doute aussi la cause pourquoi sa prise sur le public demeurera incertaine, car les spectateurs, qui ne raisonnent pas leurs impressions, ne les en subissent pas moins pour cela; et comme le disait Dumas fils, précédémment cité, au point de vue *métier* une œuvre dramatique est une *addition*, une *totalisation* d'effets. M. Bataille s'est volontairement dérobé à cette contrainte et je crains qu'il n'en subisse les conséquences. »

(Paul FLAT, *Revue Bleue*, 15 décembre 1906.)

« M. Henry Bataille est certes un artiste délicieux. Il nous en a fourni tant de preuves que nous ne saurions en douter. *L'Enchantement* et *Maman Colibri* comptent parmi les pièces les plus originales, les plus vraiment neuves qui nous aient été données depuis dix ans, et si *Poliche* n'a point tout à fait comblé notre attente, du moins en avons-nous aimé les deux premiers actes, d'un charme délicat et profond. Il semble ensuite que l'action se ralentisse et perde un peu de son intérêt et de son intensité.

. . . .

« D'autre part, le milieu équivoque dans lequel M. Henry Bataille fait évoluer ses personnages n'est pas assez indiqué, précisé. Cet assez vilain monde — qui étonnera peut-être un peu le traditionalisme des abonnés de la Comédie-Française — ne nous intéresse qu'à moitié, non point tant parce qu'il est vilain que parce qu'il est un peu flou. »

(Robert DE FLERS, *la Liberté*, 12 décembre 1906.)

« Un des actes de la pièce se passe dans la forêt de Fontainebleau. Et, par un curieux rapprochement, la pièce elle-même m'a donné l'impression d'une irrégulière forêt, tantôt touffue, tantôt dénudée, où l'on s'égare, où l'on revient sur ses pas, mais où, toujours, à quelque tournant, apparaît un joli coin, un aimable paysage, de quoi se reposer et admirer, si bien que, de la promenade accidentée, on revient non sans quelque fatigue, mais avec une douce et charmante mélancolie. »

(Emmanuel ARÈNE, *le Figaro*, 11 décembre 1906.)

« Poliche, c'est M. de Féraudy. Et certes, tout ce qu'un acteur éminent peut faire avec du travail et de la volonté, il le fait. Mais on ne le sent pas à l'aise. Il ne se détend ni ne s'abandonne. Il sue au premier acte pour être gai, il sue au dernier pour être triste. Il dépense trop de talent, là où la figure naïvement épanouie d'un Torin nous eût donné tout bonnement l'illusion du personnage. »

(Adolphe Brisson, *le Temps*, 17 décembre 1906.)

« Il y aurait lieu d'écrire une églogue où deux spectateurs enthousiastes célébreraient, en distiques alternant, les élégances, les grâces, et les féroces roueries de Mme Cécile Sorel — Rosine de Rinck — et de Mlle Berthe Cerny — Pauline Laub; mais, tandis que Mlle Berthe Cerny devait se borner aux maniérismes jolis de la plus parisienne coquetterie, Mme Cécile Sorel a pu montrer de belles qualités de charme plus tendre et d'émotion. »

(Catulle Mendès, *le Journal*, 11 décembre 1906.)

« Cette scène (II, VI), traitée avec une adresse et un art tout à fait supérieurs, est du bon, de l'excellent théâtre; amusante et féroce, elle a été très vivement jouée par les deux coquettes de la Maison, Mmes Cerny et Sorel. Pour ceux qui ne connaissent pas la cordialité, le désintéressement, l'ensemble de bonnes volontés qui président uniquement aux relations entre les comédiens et comédiennes de la rue de Richelieu, ce dialogue aurait pu éveiller des pensées malicieuses et représenter au vrai un conflit. Il n'a été qu'un concours où toutes les deux ont eu le prix. »

(François de Nion, *l'Écho de Paris*, 11 décembre 1906.)

« Mlle Marie Leconte est tout à fait charmante dans le rôle trop court de Thérésette, la « petite femme »; quelle exquise comédienne que Marie Leconte, qui met les moindres choses en valeur, et fait une figure du moindre bout de rôle. Quand donc lui donnera-t-on l'interprétation d'un rôle digne de son talent si vrai et si complet? »

(Félix Duquesnel, *le Gaulois*, 11 décembre 1906.)

« Mlle Marie Leconte, en un rôle trop court, et qui moins sûrement joué, eût pu paraître assez équivoque, a été charmante d'esprit malicieux et espiègle. »

(Emmanuel Arène, *le Figaro*, 11 décembre 1906.)

22 *Décembre.* — Le comité augmente, à compter du 1er janvier 1907, les parts des sociétaires suivants : M. Fenoux, d'un douzième; Mmes Lara, Segond-Weber, Leconte, Sorel et Piérat, d'un demi-douzième.

26 Décembre. — Le comité augmente, à compter du 1er janvier 1907, les parts des sociétaires suivants : MM. Delaunay et Mayer, d'un demi-douzième.

« L'assemblée générale des sociétaires a voté le budget de 1907, fixé à deux millions, et un supplément de crédit pour l'année 1906.

« M. Claretie a annoncé le rétablissement de l'institution des semainiers et le changement administratif qui met M. Prud'hon secrétaire général et M. Duberry contrôleur général de la Comédie-Française. »

Total des recettes journalières : 2,231,316 fr. 35, plus 4,104 fr. 50 à la matinée donnée pour le monument de Pierre Corneille. La recette la plus forte, 9,341 francs, a été faite à la matinée du 27 février, avec *les Femmes savantes* et *le Malade imaginaire.*

La part entière de sociétaire (1) a été de 15,000 francs. Voici, d'après M. Couyba, les émoluments des pensionnaires.

MM. Joliet, 7,200 francs; Falconnier, 4,600; Hamel, 6,000; Esquier, 4,000; Ravet, 6,500; Croué, 5,000; Dessonnes, 7,800; Siblot, 6,600; Brunot, 5,000; Grandval, 3,600; Grand, 12,000; Numa, 7,000.

Mmes Fayolle, 10,000; Amel, 10,000; Persoons, 5,600; R. Boyer, 3,000; Lynnès, 5,000; Delvair, 7,200; Géniat, 7,200; L. Silvain, 6,000; Faylis, 2,400; Garrick, 6,000; Roch, 4,000; Dussane, 3,600; R. Sisos, 6,000; Lherbay, 3,000; Clary, 3,000; Mitzy-Dalti, 4,200; Maille, 4,800; Bergé, 3,000; B. Cerny, 12,000; Robinne, 4,800.

Les 47 représentations de *le Réveil* ont produit 275,720 fr. 50, soit une moyenne de 5,866 fr. 39 par représentation.

Les 71 représentations de *Paraître* ont produit 450,202 francs, soit une moyenne de 6,340 fr. 87 par représentation.

Les 5 représentations de *la Courtisane* ont produit 15,515 fr. 50, soit une moyenne de 3,103 fr. 10 par représentation.

Les 19 représentations de *les Mouettes* ont produit 90,506 francs, soit une moyenne de 4,763 fr. 47 par représentation.

(1) Pour l'exercice 1905, la part de sociétaire, tous comptes faits, a été de 24,000 francs.

TABLE ALPHABÉTIQUE DES PIÈCES

(1) Sur la couverture de la brochure : comédie dramatique.

Effrontés (les), comédie en cinq actes, en prose, par Augier.

En visite, pièce en un acte, en prose, par Lavedan.

Énigme (l'), pièce en deux actes, en prose, par Hervieu.

Étincelle (l'), comédie en un acte, en prose, par Pailleron.

Étourdi (l'), comédie en cinq actes, en vers, par Molière.

Femme de Tabarin (la), tragi-parade en un acte, en prose, par Mendès.

Femmes savantes (les), comédie en cinq actes, en vers, par Molière.

Fils de Giboyer (le), comédie en cinq actes, en prose, par Augier.

Fils naturel (le), comédie en cinq actes, en prose, dont un prologue, par Dumas fils.

Flibustier (le), comédie en trois actes, en vers, par Richepin.

Folies amoureuses (les), comédie en trois actes, en vers, par Regnard.

Fontaine de Jouvence (la), comédie mythologique en deux actes, en vers, par Bergerat.

Fourberies de Scapin (les), comédie en trois actes, en prose, par Molière.

France à Corneille (la), strophes, par E. des Essarts.

Francillon, pièce en trois actes, en prose, par Dumas fils.

Gendre de Monsieur Poirier (le), comédie en quatre actes, en prose, par Augier et Sandeau.

Gringoire, comédie en un acte, en prose, par Banville.

Hernani, drame en cinq actes, en vers, par Hugo.

Horace, tragédie en cinq actes, en vers, par P. Corneille.

Horace et Lydie, comédie en un acte, en vers, par Ponsard.

Il était une bergère..., conte en un acte, en vers, par Rivoire.

Il ne faut jurer de rien, comédie en trois actes, en prose, par Musset.

Illusion comique (l') (1), comédie en cinq actes, en vers, par P. Corneille.

Jean-Marie, drame en un acte, en vers, par Theuriet.

Jeu de l'amour et du hasard (le), comédie en trois actes, en prose, par Marivaux.

Joie fait peur (la), comédie en un acte, en prose, par Mme de Girardin.

Larmes de Corneille (les), à-propos (2) en vers, par Le Lasseur.

Légataire universel (le), comédie en cinq actes, en vers, par Regnard.

Luthier de Crémone (le), comédie en un acte, en vers, par Coppée.

Mademoiselle de la Seiglière, comédie en quatre actes, en prose, par Sandeau.

Malade imaginaire (le), comédie en trois actes, en prose, par Molière.

Mariage forcé (le), comédie en un acte, en prose, par Molière.

Marquis de Priola (le), pièce en trois actes, en prose, par Lavedan.

Marquis de Villemer (le), comédie en quatre actes, en prose, par Mme Sand.

Médecin malgré lui (le), comédie en trois actes, en prose, par Molière.

Menteur (le), comédie en cinq actes, en vers, par P. Corneille.

1807, comédie en un acte, en prose, par Aderer et Ephraïm.

Misanthrope (le), comédie en cinq actes, en vers, par Molière.

Molière, poème, par P. Boyer.

Monde où l'on s'ennuie (le), comédie en trois actes, en prose, par Pailleron.

---

(1) II, ii ; III, iii, iv, vii, viii et ix.
(2) Sur la couverture de la brochure : comédie en un acte.

Monsieur de **Pourceaugnac**, comédie en trois actes, en prose, par Molière.

Mort de **Pompée** (la), tragédie en cinq actes, en vers, par P. Corneille.

Mouettes (les), pièce en trois actes, en prose, par Adam.

Nicomède, tragédie en cinq actes, en vers, par P. Corneille.

Nuit d'octobre (la), scène en vers, par Musset.

Œdipe roi, tragédie en cinq actes, en vers, par J. Lacroix.

On ne badine pas avec l'amour, comédie en trois actes, en prose, par Musset.

Paix chez soi (la), comédie en un acte, en prose, par Courteline.

Paraître, pièce en quatre actes (cinq tableaux), en prose, par Donnay.

Parasite (le), comédie en un acte, en vers, par Pailleron.

Parisienne à **Corneille** (une) (1), poésie, par Blémont.

Père Lebonnard (le), comédie en quatre actes, en vers, par Aicard.

Petit hôtel (le), comédie en un acte, en prose, par Meilhac et Lud. Halévy.

Phèdre, tragédie en cinq actes, en vers, par Racine.

Phéniciennes (les), drame antique en quatre actes, en vers, par Rivollet.

Philiberte, comédie en trois actes, en vers, par Augier.

Plaideurs (les), comédie en trois actes, en vers, par Racine.

Plaisir de **rompre** (le), comédie en un acte, en prose, par Renard.

Poliche, comédie en quatre actes, en prose, par Bataille.

Polyeucte, tragédie en cinq actes, en vers, par P. Corneille.

Pour l'anniversaire de **Racine** (2), poésie, par Bornier.

Précieuses **ridicules** (les), comédie en un acte, en prose, par Molière.

Prétexte (le), comédie (3) en deux actes, en prose, par Riche.

Princesse de **Bagdad** (la), pièce en trois actes, en prose, par Dumas fils.

Psyché (4), tragi-comédie-ballet en cinq actes, en vers libres, et un prologue, par
     Molière. P. Corneille et Quinault.

Remerciement, par Claretie.

Revanche d'Iris (la), comédie en un acte, en vers, par Ferrier.

Réveil (le), pièce en trois actes, en prose, par Hervieu.

Rez-de-chaussée (le), comédie en un acte, en prose, par Berr de Turique.

Rodogune, tragédie en cinq actes, en vers, par P. Corneille.

Romanesques (les), comédie en trois actes, en vers, par Rostand.

Rome vaincue, tragédie en cinq actes, en vers, par Parodi.

Rue Saint-**Thomas** du Louvre, à-propos en vers, par Docquois.

Ruy Blas, drame en cinq actes, en vers, par Hugo.

Salut à **Corneille**, par Claretie.

Sans lui, comédie en un acte, en prose, par Girette.

Shylock ou le Marchand de Venise, comédie en trois actes et cinq tableaux, en
     vers, par Vigny, d'après Shakespeare.

Stances à **Corneille**, poésie, par Sully-Prudhomme.

Tartuffe, comédie en cinq actes, en vers, par Molière.

---

(1) C'est la même poésie que *Visite à Corneille* (6 juin 1886).
(2) C'est la même poésie que *Stances à Racine* (21 décembre 1865).
(3) Sur la couverture de la brochure : pièce.
(4) 3ᵉ acte.

Testament de César Girodot (le), comédie en trois actes, en prose, par Belot et Villetard.

Tour de Ninon (un), à-propos (1) en vers, par Docquois.

Trilby, conte en un acte, en vers, par Lomon et Gheusi.

Triomphe héroïque, poème, par Zidler.

Trois Dumas (les), vers, par Bornier.

Vers l'aube de Corneille, sonnet, par Houdaille.

Victoires (les), à-propos (2) en vers, par Francklin.

Visite de noces (une), comédie en un acte, en prose, par Dumas fils.

Voyage de Monsieur Perrichon (le), comédie en quatre actes, en prose, par Labiche et Martin.

Vraie farce de maître Pathelin (la), en trois actes, en vers, par É. Fournier.

(1-2) Sur la couverture de la brochure : comédie en un acte.

TABLE ALPHABÉTIQUE DES AUTEURS
ET DE LEURS PIÈCES

AVEC LE TOTAL DES REPRÉSENTATIONS PENDANT L'ANNÉE ET DEPUIS LA PREMIÈRE
REPRÉSENTATION AU THÉATRE-FRANÇAIS JUSQU'AU 31 DÉCEMBRE 1906

LES PREMIÈRES REPRÉSENTATIONS SONT INDIQUÉES EN CARACTÈRES ITALIQUES

	NOMBRE DE REPRÉSENTATIONS	
	TOTAL DE L'ANNÉE	TOTAL GÉNÉRAL
ADAM (P.)		
Les Mouettes	19	19
ADERER (A.) et A. EPHRAIM		
1807	3	32
AICARD (J.)		
Le Père Lebonnard	4	36
ARNYVELDE (A.)		
La Courtisane	5	5
AUGIER (E.)		
L'Aventurière	4	479
Les Effrontés	5	262
Le Fils de Giboyer	4	183
Philiberte	1	124
AUGIER (E.) et J. SANDEAU		
Le Gendre de Monsieur Poirier	1	515
BANVILLE (T. DE)		
Gringoire	11	352
BATAILLE (H.)		
Poliche	12	12

	NOMBRE DE REPRÉSENTATIONS	
	TOTAL DE L'ANNÉE	TOTAL GÉNÉRAL
BEAUMARCHAIS (P.-A. DE)		
Le Barbier de Séville.	5	788
BELOT (A.) et E. VILLETARD		
Le Testament de César Girodot.	5	263
BERGERAT (E.)		
La Fontaine de Jouvence.	17	17
BERR DE TURIQUE (J.)		
Le Rez-de-chaussée	2	62
BLÉMONT (E.)		
Une Parisienne à Corneille (1).	1	2
BORNIER (H. DE)		
Pour l'anniversaire de Racine (2).	1	2
Les Trois Dumas.	1	3
BOYER (P.)		
Molière.	1	1
BRIEUX (E.)		
Blanchette	3	37
CLARETIE (J.)		
Remerciement	1	1
Salut à Corneille.	2	2
COPPÉE (F.)		
Le Luthier de Crémone.	5	163
CORNEILLE (P.)		
Le Cid	10	952
Cinna	4	625

(1) C'est la même poésie que *Visite à Corneille* (6 juin 1886).
(2) C'est la même poésie que *Stances à Racine* (21 décembre 1865).

	NOMBRE DE REPRÉSENTATIONS	
	TOTAL DE L'ANNÉE	TOTAL GÉNÉRAL
Horace	7	608
L'Illusion comique (1)	4	16
Le Menteur	1	654
La Mort de Pompée	2	167
Nicomède	6	296
Polyeucte	8	432
Rodogune	1	403
COURTELINE (G.)		
La Conversion d'Alceste	4	26
La Paix chez soi	5	5
DOCQUOIS (G.)		
Rue Saint-Thomas du Louvre	5	8
La Tour de Ninon	2	2
DONNAY (M.)		
Paraître	71	71
DUMAS fils (A.)		
Le Demi-monde	10	293
Le Fils naturel	6	84
Francillon	15	183
La Princesse de Bagdad	6	50
Une Visite de noces	13	53
ESSARTS (E.-A. DES)		
La France à Corneille	1	2
FERRIER (P.)		
Chez l'avocat	2	231
La Revanche d'Iris	1	232
FLERS (R. DE) et G.-A. DE CAILLAVET		
Le Cœur a ses raisons	8	24

(1) II. II: III, III, IV, VII, VIII et IX.

3

	NOMBRE DE REPRÉSENTATIONS	
	TOTAL DE L'ANNÉE	TOTAL GÉNÉRAL
FOURNIER (É.)		
La Vraie farce de maître Pathelin	2	80
FRANCKLIN (E.)		
Les Victoires.	5	5
GERMAIN (A.)		
Le Bonheur qui passe	3	31
GIRARDIN (Mme E. DE)		
La Joie fait peur	4	508
GIRETTE (M.)		
Sans lui	5	22
HERVIEU (P.)		
Le Dédale	4	80
L'Énigme.	10	116
Le Réveil.	39	47
HOUDAILLE (O.)		
Vers l'aube de Corneille	1	1
HUGO (V.)		
Les Burgraves	1	87
Hernani.	14	638
Ruy Blas	5	369
LABICHE (E.) et E. MARTIN		
Le Voyage de Monsieur Perrichon.	25	25
LACROIX (J.)		
Œdipe roi	2	235
LALUYÉ (L.)		
Au printemps	1	160

	NOMBRE DE REPRÉSENTATIONS	
	TOTAL DE L'ANNÉE	TOTAL GÉNÉRAL
LAVEDAN (H.)		
Le Duel	29	120
En visite	14	102
Le Marquis de Priola	8	110
LE LASSEUR (L.)		
Les Larmes de Corneille	4	4
LOMON (C.) et P.-B. GHEUSI		
Trilby	4	15
MARIVAUX (P. DE)		
Le Jeu de l'amour et du hasard	3	679
MARSOLLEAU (L.)		
Le Dernier madrigal	2	17
MEILHAC (H.)		
L'Autographe	3	93
MEILHAC (H.) et Lud. HALÉVY		
Le Petit hôtel	5	99
MENDÈS (C.)		
La Femme de Tabarin	3	71
MIRBEAU (O.)		
Les Affaires sont les affaires	10	104
MOLIÈRE (J.-B.)		
L'Avare	9	1549
Le Bourgeois gentilhomme	5	543
Le Dépit amoureux	4	1009
L'École des femmes	1	1224
L'École des maris	3	1227
L'Étourdi	1	493
Les Femmes savantes	12	1223

	NOMBRE DE REPRÉSENTATIONS	
	TOTAL DE L'ANNÉE	TOTAL GÉNÉRAL
Les Fourberies de Scapin	5	893
Le Malade imaginaire	9	1132
Le Mariage forcé.	3	932
Le Médecin malgré lui	5	1625
Le Misanthrope	1	1233
Monsieur de Pourceaugnac.	4	668
Les Précieuses ridicules	3	830
Tartuffe	4	2111

MOLIÈRE (J.-B.), P. CORNEILLE et P. QUINAULT

Psyché (1)	2	145

MONTOYA (G.)

Le Baiser de Phèdre	1	4

MOREAU (E.)

Corneille et Richelieu	6	30

MURGER (H.)

Le Bonhomme Jadis	7	355

MUSSET (A. DE)

Les Caprices de Marianne	36	205
Il ne faut jurer de rien	7	449
La Nuit d'octobre.	1	73
On ne badine pas avec l'amour.	5	283

OLIVAINT (M.)

L'Apothéose de Musset	1	1

PAILLERON (E.)

L'Étincelle	1	172
Le Monde où l'on s'ennuie	8	615
Le Parasite	4	4

(1) 3e acte.

	NOMBRE DE REPRÉSENTATIONS	
	TOTAL DE L'ANNÉE	TOTAL GÉNÉRAL
PARODI (D.-A.)		
Rome vaincue	3	50
PONSARD (F.)		
Horace et Lydie	5	211
PORTO-RICHE (G. DE)		
La Chance de Françoise	4	67
RACINE (J.)		
Andromaque	1	882
Bérénice	2	166
Phèdre	2	1012
Les Plaideurs.	2	1244
REGNARD (J.-F.)		
Les Folies amoureuses.	7	1056
Le Légataire universel.	2	931
RENARD (J.)		
Le Plaisir de rompre.	3	21
RICHE (D.)		
Le Prétexte	18	18
RICHEPIN (J.)		
Don Quichotte	2	25
Le Flibustier.	2	142
RIVOIRE (A.)		
Il était une bergère...	10	28
RIVOLLET (G.)		
Les Phéniciennes	6	16
ROSTAND (E.)		
Les Romanesques	5	72

	NOMBRE DE REPRÉSENTATIONS	
	TOTAL DE L'ANNÉE	TOTAL GÉNÉRAL
SAND (Mme G.)		
Le Marquis de Villemer	18	183
SANDEAU (J.)		
Mademoiselle de la Seiglière	4	616
SCRIBE (A.-E.) et E. LEGOUVÉ		
Bataille de dames	5	387
SULLY PRUDHOMME (R.-F.-A.)		
Stances à Corneille	2	2
THEURIET (A.)		
Jean-Marie	4	18
VIGNY (A. DE)		
Shylock ou le Marchand de Venise	6	13
ZIDLER (G.)		
Triomphe héroïque	2	2

INTERPRÉTATIONS

DE TOUTES LES PIÈCES JOUÉES DANS L'ANNÉE

LES AFFAIRES SONT LES AFFAIRES

Isidore Lechat.	MM.	de Féraudy.
Gruggh		Laugier.
Le Marquis de Porcellet.		Delaunay, Leloir.
Le Vicomte de la Fontenelle.		Mayer.
Lucien Garraud.		Fenoux.
Jean.		Falconnier.
Phinck.		Hamel.
Le Jardinier chef		Ravet.
Xavier Lechat.		Croué.
Le Garçon jardinier.		Brunot.
Un Docteur		Gaudy, X...
Un Capitaine retraité		Laty.
Mme Isidore Lechat.	Mmes	Pierson.
Germaine Lechat		Lara.
La Femme du percepteur.		Faylis.
Julie.		Lherbay, Clary.

ANDROMAQUE

Pyrrhus	MM.	P. Mounet.
Oreste.		Fenoux.
Pylade.		Hamel
Phœnix		Ravet.
Cléone.	Mmes	Géniat.
Hermione		Delvair.
Andromaque.		Roch.
Céphise		Lherbay.

L'APOTHÉOSE DE MUSSET

La Ville de Paris	Mmes Lara.
La Muse.	Segond-Weber.
La Comédie.	Leconte.

AU PRINTEMPS

Thomassin.	MM. Laugier.
Frédéric.	Dehelly.
Mme Destourville	Mmes Persoons.
Rosine.	Garrick.

L'AUTOGRAPHE

Chastenay.	MM. Baillet.
Le Comte Riscara.	Delaunay.
Flavio.	Grandval.
Julie.	Mmes Leconte.
La Comtesse.	Mitzy-Dalti.

L'AVARE

Maître Jacques.	MM. Truffier, Joliet.
Harpagon	Leloir, Laugier, Siblot, Coquelin cadet.
La Flèche	Berr, Croué.
Valère.	Leitner.
Maître Simon	Falconnier, Joliet.
Anselme.	Hamel.
Un Commissaire.	Ravet, Numa.
Cléante	Grandval, Dehelly.
La Merluche.	Gaudy.
Brindavoine.	Laty.
Marianne	Mmes Müller, Garrick, Bergé.
Frosine	Amel, Fayolle, Lynnès. Th. Kolb.
Élise.	Géniat, Garrick.

L'AVENTURIÈRE

Don Annibal.	MM.	Coquelin cadet, Leloir.
Monte-Prade.		Silvain, Hamel.
Fabrice		Leitner.
Horace.		Dehelly, Grandval.
Dario		Hamel, Siblot, Ravet.
Célie	Mmes	Müller, Géniat.
Doña Clorinde.		Sisos.

LE BAISER DE PHÈDRE

Racine	MM.	Fenoux.
Boileau		Hamel.
L'Ombre de Phèdre	Mlle	Roch.

LE BARBIER DE SÉVILLE

Le Comte Almaviva	MM.	Baillet.
Figaro.		Truffier, Berr, Croué.
Don Bazile.		Leloir, Coquelin cadet, Siblot, Joliet.
La Jeunesse.		Joliet, Brunot.
Un Notaire		Falconnier.
L'Éveillé.		Croué, Brunot, Grandval.
Bartholo.		Siblot, Laugier.
Un Alcade.		Laty.
Rosine.	Mmes	Leconte, Garrick.

BATAILLE DE DAMES

Gustave de Grignon.	MM.	Truffier, Berr.
Le Baron de Montrichard		Laugier, Siblot.
Henri de Flavigneul.		Dehelly.
Un Sous-Officier de dragons.		Falconnier.
Léonie de la Villegottier.	Mmes	Muller, Garrick.
La Comtesse d'Autreval.		du Minil.

BÉRÉNICE

Antiochus.	MM.	Lambert.
Titus		P. Mounet.

Arsace. . . . .   MM. Delaunay.
Rutile. . . . .   Hamel.
Paulin. . . . .   Ravet.
Bérénice . . . .   Mmes Bartet.
Phénice. . . . .   Roch.

BLANCHETTE

Rousset . . . .   MM. de Féraudy.
Le Cantonnier. . . . .   Truffier.
Auguste Morillon . . . .   Fenoux.
Georges Galoux. . . . .   Esquier.
M. Galoux. . . . .   Ravet, Numa.
Morillon. . . . .   Siblot.
Un Voiturier . . . .   Laty.
Le Facteur . . . .   Roussel.
Mme Rousset . . . .   Mmes Th. Kolb.
Élise Rousset (Blanchette) . . . . .   Piérat.
Lucie Galoux . . . .   Garrick.
Mme Jules . . . .   Lherbay.

LE BONHEUR QUI PASSE

Paul. . . . .   MM. Mayer.
Benjamin . . . .   Ravet.
Gipsy . . . .   Mmes Müller.
Lilette. . . . .   Géniat.
Rose (une femme de chambre). . . .   Lherbay, Faylis.

LE BONHOMME JADIS

Le Bonhomme Jadis. . . . .   MM. Leloir, Laugier.
Octave. . . . .   Dehelly.
Jacqueline. . . . .   Mmes Müller, Garrick.

LE BOURGEOIS GENTILHOMME

M. Jourdain. . . . .   MM. Coquelin cadet.
Dorante . . . .   Baillet, Fenoux.
Maître de danse. . . . .   Truffier.
Maître de philosophie . . . .   Leloir.

Cléonte	MM.	Dehelly.
Maître tailleur.		Joliet.
Garçon tailleur		Falconnier.
Maître de musique		Hamel.
Maître d'armes		Ravet.
Covielle.		Croué.
Le Maître de cérémonie		Brunot.
Un Laquais.		Gaudy.
Un Laquais.		Laty.
Mme Jourdain	Mmes	Pierson.
Lucile		Müller.
Nicole		Th. Kolb.
Dorimène		L. Silvain.

LES BURGRAVES

Job	MM.	Mounet-Sully.
Frédéric de Hœnstaufen		Silvain.
Otbert		Lambert.
Magnus		P. Mounet.
Karl.		Leitner.
Cynulfus		Dehelly.
Teudon		Delaunay.
Hatto		Fenoux.
Gondicarius		Joliet.
Haquin		Falconnier.
Swan		Hamel.
Cadwalla		Esquier.
Kunz		Ravet.
Hermann		Croué.
Le Capitaine du burg.		Dessonnes.
Le Duc Gerhard de Thuringe		Brunot.
Platon.		Grandval.
Zoaglio Giannilaro.		Laty.
Darius.		Roussel.
La Comtesse Régina	Mmes	Lara.
Guanhumara		Segond-Weber.
Gorlois		Faylis.
Edwige		Lherbay.

LES CAPRICES DE MARIANNE

Tibia	MM.	Truffier.
Claudio		Leloir.
Octave.		Duflos.
Malvolio.		Falconnier.
Cœlio		Dessonnes.
Un Garçon d'auberge		Laty.
Hermia	Mmes	du Minil.
Marianne		Sorel.
Ciuta		Lynnès, Lherbay.

LA CÉRÉMONIE

Le Præses.	M.	Truffier.

LA CHANCE DE FRANÇOISE

Guérin	MM.	Leitner.
Marcel Desroches		Mayer.
Jean.		Falconnier.
Françoise	Mmes	Leconte.
Madeleine.		Garrick.

CHEZ L'AVOCAT

Ducanois.	MM.	Joliet.
Charveron		Brunot.
Marthe.	Mlle	Clary.

LE CID

Don Diègue	MM.	Silvain, P. Mounet.
Don Rodrigue		Lambert, Fenoux.
Don Sanche.		Fenoux, Dessonnes.
Don Arias		Falconnier.
Don Fernand, roi de Castille		Hamel, Silvain.
Don Alonse		Esquier, Grandval.
Don Gomez, comte de Gormas . . .		Ravet.
Chimène	Mmes	Segond-Weber.
Doña Elvire.		Roch, Géniat.

Doña Urraque, infante de Castille. .   Mmes Maille.
Un Page. . . . .   Faylis, Clary.
Léonor . . . .   Lherbay.

CINNA

Octave-César-Auguste. . . . . . .   MM. Silvain.
Cinna . . . .   Lambert.
Maxime . . . .   Leitner.
Évandre. . . . .   Falconnier.
Euphorbe . . . .   Ravet.
Fulvie . . . .   Mmes Géniat.
Émilie. . . . .   L. Silvain.
Livie . . . .   Roch.

LE CŒUR A SES RAISONS...

Jacques Artenay. . . . .   MM. Mayer.
Lucien de Jullianges. . . . .   Numa.
Françoise Vernières. . . . .   Mmes Leconte.
Une Femme de chambre. . . . . .   Lherbay.

LA CONVERSION D'ALCESTE

Alceste. . . . .   MM. Mayer.
M. Loyal. . . . .   Croué.
Philinte . . . .   Dessonnes.
Oronte. . . . .   Brunot.
Célimène . . . .   Mme Lara.

CORNEILLE ET RICHELIEU

Corneille . . . .   MM. Silvain.
Richelieu . . . .   Leloir.
Un Jeune Capucin. . . . .   Falconnier.

LE COURONNEMENT (1)

Mmes Lara et Segond-Weber.

(1) Consulter « Faits et Événements importants » dans la brochure de 1902 (p. 10).

LA COURTISANE

Callige.	MM.	Leloir.
Robert.		Lambert.
Le Roi.		Leitner.
Pradelys.		Fenoux.
Voron		Joliet.
Maître Anselme		Falconnier.
Le Prince de Sardane		Hamel.
D'Hervey		Esquier.
Un Ouvrier		Ravet.
Un Homme		Croué.
Un Jeune homme		Dessonnes.
Un Campagnard.		Siblot.
D'Axel.		Brunot.
Gilbert		Grandval.
Georges.		Numa.
Un Vieillard.		Gaudy.
Un Officier		Laty.
De Morène		Garrigues.
Le Marquis de Salvat.		Guilhen.
De Côme		Le Roy.
La Comtesse Féline.	Mmes	Delvair
Mme de Chambreuse		Dussane.
Une Jeune femme		Bergé, Farnès.
Pyrenna		Cerny.
Une CaMériste		Faylis.
Une Mère.		Lherbay.
Mme de Subrice		Farnès.
Un Enfant		La petite Ugazio.

LE DÉDALE

Max de Pogis.	MM.	Le Bargy.
Guillaume Le Breuil		P. Mounet.
Vilard-Duval		Delaunay.
Hubert de Saint-Éric		Mayer.
Le Docteur.		Siblot.
Un Jeune paysan.		Brunot.

Marianne.	Mmes Bartet.
Mme Vilard-Duval.	Pierson.
Mme de Pogis	du Minil.
Paulette	Leconte.

LE DEMI-MONDE

Olivier de Jalin.	MM. Le Bargy, Duflos.
Hippolyte Richond.	Truffier, Numa.
De Nanjac	Duflos, Lambert, Fenoux.
De Thonnerins.	Delaunay, Laugier.
1er Domestique.	Falconnier.
2e Domestique	Gaudy.
3e Domestique	Laty.
La Baronne Suzanne d'Ange.	Mmes Sorel.
La Vicomtesse de Vernières.	Fayolle, Persoons.
Marcelle	Géniat, Garrick.
Valentine de Santis	Clary.
Une Femme de chambre.	Faylis, Lherbay.

LE DÉPIT AMOUREUX

Gros-René.	MM. Berr, Truffier, Croué.
Éraste	Dehelly.
Mascarille	Croué, Brunot.
Valère.	Grandval.
Lucile	Mmes Garrick, Géniat, Bergé.
Marinette	Dussane, Th. Kolb.

LE DERNIER MADRIGAL

Molière.	MM. Delaunay.
Corneille.	Fenoux.
Un Mousquetaire.	Hamel.
1er Seigneur	Esquier.
2e Seigneur	Grandval.
Armande Béjart	Mlle Mitzy-Dalti.

DON QUICHOTTE

Don Quichotte.	MM. Leloir.
Ginès de Passamont	Berr.
Don Fernand, comte de Las Fuentes.	Dehelly.

Don Luis, duc d'Osuna	MM.	Delaunay.
Samson Carrasco, le Bachelier. . . .		Fenoux.
Le Curé		Joliet.
Martinez		Falconnier.
Le Majordome du duc		Hamel.
Pepe.		Esquier.
L'Archer de la Sainte-Hermandad. .		Ravet.
Palomèque, l'hôtelier		Croué.
Cardenio.		Dessonnes
Maître Nicolas, le Barbier		Siblot.
Sancho Panza		Brunot.
Chiquiznaque, un galérien.		Grandval.
Un Voisin		Gaudy.
Un Voisin		Laty.
Un Voisin		Roussel.
Ganchuelo.		Mendaille.
Aldonza Lorenzo, Dulcinée	Mmes	Boyer.
Maritornes.		Lynnès.
Dorothea.		Garrick.
Thérèse Panza.		Dussane, Th. Kolb.
Juana		Clary, Dussane.
Doña Maria, duchesse d'Osuna . . .		Mitzy-Dalti.
Miguelotto.		Faylis.
Leonarda		Lherbay.
Une Voisine		Berengère.

LE DUEL

L'Abbé Daniel	MM.	Le Bargy, Dessonnes.
Monseigneur Bolène.		P. Mounet, Ravet.
Le Docteur Morey		Duflos.
Le Portier		Joliet.
Un Domestique		Laty.
Un Infirmier		Roussel, Hamel.
La Duchesse de Chailles.	Mmes	Piérat.
Yvonne		Lherbay, Faylis.

L'ÉCOLE DES FEMMES

Arnolphe	MM.	Laugier.
Horace		Dehelly.

Chrysalde	MM. Delaunay.
Un Notaire	Joliet.
Enrique	Falconnier.
Oronte	Ravet.
Alain	Croué.
Agnès	Mmes Garrick.
Georgette	Dussane.

L'ÉCOLE DES MARIS

Sganarelle	MM. Laugier.
Valère	Dehelly.
Le Commissaire	Falconnier.
Ariste	Hamel.
Ergaste	Croué.
Le Notaire	Laty.
Isabelle	Mmes Lara, Garrick.
Lisette	Th. Kolb, Dussane
Léonor	Mitzy-Dalti.

LES EFFRONTÉS

Vernouillet	MM. Baillet.
Giboyer	Truffier.
Le Marquis d'Auberive	Leloir.
Charrier	Laugier.
Henri Charrier	Dehelly.
De Sergine	Fenoux.
Le Baron	Joliet.
Le Général	Hamel, Ravet.
Le Vicomte d'Isigny	Siblot.
1er Domestique	Gaudy.
2e Domestique	Laty.
Clémence Charrier	Mmes Muller.
La Marquise d'Auberive	Sorel.
La Vicomtesse d'Isigny	Persoons.
Une Femme de chambre	Lherbay.

4

EN VISITE

Lui	MM. Brunot, Grandval.
Elle	Mlle Dussane.

L'ÉNIGME

Raymond de Gourgiran	MM. Silvain, Fenoux.
Gérard de Gourgiran	P. Mounet.
Le Marquis de Neste.	Leitner.
Vivarce	Mayer.
Laurent	Ravet, Falconnier.
Un Domestique	Laty.
Léonore de Gourgiran.	Mmes Bartet, Géniat.
Giselle de Gourgiran	Géniat, Delvair.

L'ÉTINCELLE

Raoul de Géran	M. Le Bargy.
Léonie de Rénat.	Mmes Sorel.
Antoinette.	Dussane.

L'ÉTOURDI

Mascarille	MM. Berr.
Anselme.	Laugier.
Léandre	Leitner.
Lélie.	Dehelly.
Un Courrier	Falconnier.
Andrès.	Esquier.
Pandolfe.	Ravet.
Trufaldin	Siblot.
Ergaste	Brunot.
Célie.	Mmes Garrick.
Hippolyte	Mitzy-Dalti.

LA FEMME DE TABARIN

Tabarin.	MM. Silvain.
Polyandre.	Dehelly.

Un Garde du Cardinal. . . . .   MM. Hamel.
Théodomas . . . .   Grandval.
Artaban . . . .   Numa.
Francisquine. . . . .   Mmes Boyer.
Amalthée . . . .   Dussane.
Télamire . . . .   Clary.
La Princesse Philoxène . . . .   Mitzy-Dalti.

LES FEMMES SAVANTES

Clitandre . . . .   MM. Le Bargy, Dessonnes, Baillet.
Vadius . . . .   Truffier , Berr , Coquelin
                                            cadet, Croué.
Chrysale . . . .   Leloir, Laugier, Siblot.
Trissotin . . . .   Berr, Truffier , Coquelin
                                            cadet, Brunot.
Lépine . . . .   Falconnier.
Ariste . . . .   Hamel, Silvain.
Un Notaire . . . .   Ravet, Hamel, Laty.
Julien . . . .   Gaudy.
Philaminte . . . .   Mmes Pierson, Persoons.
Henriette . . . .   Leconte, Géniat, Garrick.
Bélise . . . .   Amel, Fayolle.
Martine . . . .   Lynnès, Boyer, Dussane,
                                            Th. Kolb.
Armande . . . .   Géniat, Bartet.

LE FILS DE GIBOYER

Le Marquis d'Auberive . . . . MM. Baillet, Leloir.
Le Comte d'Outreville . . . .   Truffier, Grandval.
Giboyer . . . .   P. Mounet.
M. Maréchal . . . .   Laugier.
Dubois . . . .   Joliet.
Un Domestique . . . .   Falconnier.
Couturier de la Haute-Sarthe . . . .   Hamel.
Le Chevalier de Germoise . . . . . .   Ravet, Numa.
Maximilien Gérard . . . .   Dessonnes.
Un Domestique . . . .   Gaudy.
Le Vicomte de Vrillière . . . .   Roussel.

La Baronne Pfeffers. . . . . Mmes Sorel.

Mme Maréchal. . . . . Persoons.

Fernande . . . . Géniat.

Mme de la Vieuxtour . . . . Lherbay.

LE FILS NATUREL

Aristide Fressard . . . . MM. Coquelin cadet.

Le Marquis d'Orgebac. . . . . Laugier.

Charles Sternay. . . . . Duflos.

Lucien. . . . . Dehelly.

Le Docteur . . . . Joliet.

Jacques . . . . Dessonnes.

1er Domestique. . . . . Gaudy.

2e Domestique. . . . . Laty.

Henriette Sternay . . . . Mmes du Minil.

Clara Vignot. . . . . Segond-Weber.

La Marquise. . . . . Amel.

Hermine. . . . . Garrick.

Mme Gervais . . . . Lherbay.

LE FLIBUSTIER

François Legoëz . . . . MM. Leloir.

Jacquemin . . . . Leitner.

Pierre. . . . . Fenoux.

Un Vieux pêcheur. . . . . Falconnier.

Un Pêcheur. . . . . Gaudy.

Marie-Anne . . . . Mmes Fayolle, Th. Kolb.

Janik . . . . Géniat.

Une Vieille femme . . . . Faylis, Lherbay.

Une Jeune fille . . . . Rifflet.

LES FOLIES AMOUREUSES

Crispin. . . . . MM. Berr, Brunot.

Albert . . . . Laugier, Siblot.

Éraste. . . . . Dehelly.

Agathe. . . . . Mmes Leconte, Clary.

Lisette. . . . . Dussane.

LA FONTAINE DE JOUVENCE

Télamon.	MM. Dehelly.
Archis	Delaunay.
Un Berger d'Arcadie..	Ravet.
Néère.	Mmes Garrick, Bergé.
Daméta.	Roch.

LES FOURBERIES DE SCAPIN

Argante	MM. Laugier, Siblot.
Octave.	Dehelly, Grandval.
Géronte	Joliet.
Léandre	Esquier.
Scapin.	Croué, Coquelin cadet.
Sylvestre.	Brunot.
Carle.	Laty.
Hyacinthe.	Mmes Müller, Garrick, Bergé.
Zerbinette	Dussane.
Nérine.	Lherbay, Faylis.

LA FRANCE A CORNEILLE

Poésie lue par Mlle Dudlay.

FRANCILLON

Lucien de Riverolles	MM. Baillet.
Jean de Carillac	Truffier, Numa.
Célestin	Berr, Brunot.
Le Marquis de Riverolles	Laugier.
Henri de Symeux..	Leitner.
Stanislas de Grandredon	Duflos.
Pinguet..	Delaunay.
Un Domestique.	Falconnier.
Francine de Riverolles	Mmes Bartet,
Annette de Riverolles	Müller.
Thérèse Smith	du Minil.
Elisa.	Dussane, Clary.

LE GENDRE DE M. POIRIER

M. Poirier.	MM. Coquelin cadet.
Le Marquis Gaston de Presles . . .	Baillet.
Le Duc Hector de Montmeyran . . .	Fenoux.
Verdelet	Joliet.
Un Domestique	Falconnier.
Chevassus.	Hamel.
Vatel.	Siblot.
François	Gaudy.
Antoinette	Mlle du Minil.

GRINGOIRE

Pierre Gringoire	MM. Berr.
Simon Fourniez.	Joliet.
Olivier-le-Daim	Hamel, Ravet.
Louis XI.	Ravet, Silvain.
Nicole Andry	Mmes Lynnès.
Loyse.	Garrick, Müller.

HERNANI

Don Ruy Gomez de Silva	MM. Silvain, P. Mounet, Ravet.
Hernani.	Lambert.
Don Carlos	Leitner, Fenoux, Le Bargy.
Don Garci Suarez	Dehelly, Croué.
Don Ricardo.	Delaunay.
Un Montagnard	Joliet.
Le Duc de Gotha	Falconnier.
Le Duc de Bavière	Hamel.
Don Sancho.	Esquier.
Le Duc de Lutzelbourg	Ravet, Numa.
Don Francisco.	Brunot, Croué.
Don Matias	Grandval.
Don Gil Tellez Giron	Gaudy.
Duc de Hohembourg	Laty.
Un Conjuré	Roussel.
Doña Sol de Silva.	Mme Segond-Weber.

Doña **Josefa Duarte** . . . . Mmes Th. Kolb, Lherbay.
Jaquez (un page) . . . . Faylis, Lherbay.
La Marquise . . . . Lherbay, Rosel, Dutet.

HORACE

Curiace . . . . MM. Lambert, Fenoux.
Le vieil **Horace** . . . . P. Mounet, Silvain.
Horace . . . . Fenoux, Mounet-Sully.
Flavian . . . . Falconnier.
Valère . . . . Hamel.
Tulle . . . . Ravet.
Camille . . . . Mmes Segond-Weber.
Julie . . . . Delvair, Géniat.
Sabine . . . . Roch.

HORACE ET LYDIE

Horace . . . . M. Fenoux.
Lydie . . . . Mmes Maille.
Beroé . . . . Lherbay, Faylis.

IL ÉTAIT UNE BERGÈRE...

Le Berger . . . . M. Berr.
La Bergère . . . . Mmes Müller.
La Princesse . . . . Lara.

IL NE FAUT JURER DE RIEN

Van Buck . . . . MM. Laugier.
Valentin van Buck . . . . Dehelly, Le Bargy.
Un Aubergiste . . . . Falconnier.
Un Maître de danse . . . . Croué.
Un Abbé . . . . Siblot, Truffier.
Un Domestique . . . . Gaudy.
Un Paysan . . . . Laty.
La Baronne de Mantes . . . . Mmes Pierson, Persoons.
Cécile . . . . Garrick, Müller.

L'ILLUSION COMIQUE (1)

Matamore	MM. Coquelin cadet.
Géronte	Hamel.
Clindor	Grandval.
Isabelle	Mlle Dussane.

JEAN-MARIE

Jean-Marie	MM. Fenoux.
Joël	Ravet.
Thérèse	Mlle Géniat.

LE JEU DE L'AMOUR ET DU HASARD

Dorante	MM. Baillet.
Pasquin	Truffier, Brunot.
Orgon	Laugier, Siblot
Mario	Grandval, Dehelly.
Un Laquais	Laty.
Lisette	Mmes Leconte, Clary.
Silvia	Mitzy-Dalti.

LA JOIE FAIT PEUR

Noël	MM. Coquelin cadet, de Féraudy.
Adrien	Dehelly.
Octave	Fenoux.
Mme des Aubiers	Mmes Pierson.
Mathilde de Pierreval	Géniat.
Blanche	Garrick, Müller.

LES LARMES DE CORNEILLE

Corneille	MM. P. Mounet.
Un Enseigne aux dragons de Cha-milly	Dessonnes.
Mme Marthe de Fontenelle	Mlle du Minil.

(1) II, ii; III, iii, iv, vii, viii et ix.

LE LÉGATAIRE UNIVERSEL

Éraste.	MM. Dehelly.
M. Scrupule.	Joliet.
1er Laquais.	Falconnier.
Géronte	Siblot.
Crispin	Brunot.
2e Laquais.	Gaudy.
M. Gaspard	Laty.
Mme Argante	Mmes Fayolle, Amel.
Isabelle	Garrick, Bergé.
Lisette.	Dussane.

LE LUTHIER DE CRÉMONE

Taddeo Ferrari	MM. Laugier.
Filippo.	Leitner.
Sandro.	Dehelly.
Giannina	Mmes Géniat, Garrick.

MADEMOISELLE DE LA SEIGLIÈRE

Destournelles	MM. Coquelin cadet, Truffier.
Le Marquis de la Seiglière.	Laugier, Leloir.
Bernard.	Leitner.
Raoul de Vaubert	Dehelly, Esquier.
Jasmin.	Joliet, Croué.
La Baronne de Vaubert	Mmes Pierson, du Minil, Persoons.
Hélène.	Géniat.

LE MALADE IMAGINAIRE

Thomas Diafoirus	MM. Berr, Brunot, Truffier.
Argan.	Laugier, Coquelin cadet, Siblot.
Cléante	Dehelly, Grandval, Esquier.
M. Diafoirus.	Joliet.
M. Fleurant.	Falconnier.
Béralde.	Hamel, Numa.

M. de Bonnefoi. . . . . MM. Ravet, Laty.
M. Purgon. . . . . Siblot, Ravet, Leloir.
Toinette. . . . . Mmes Th. Kolb, Boyer, Lynnès,
 Dussane.
Béline. . . . . Amel, Fayolle.
Angélique. . . . . Garrick, Bergé.
Louison. . . . . La petite Ugazio.

LE MARIAGE FORCÉ

Sganarelle. . . . . MM. Laugier, Siblot.
Alcidas. . . . . Dehelly.
Pancrace . . . . Joliet.
Géronimo . . . . Hamel.
Lycaste . . . . Esquier.
Alcantor . . . . Siblot, Ravet.
Marphurius . . . . Brunot.
Dorimène . . . . Mlle Mitzy-Dalti.

LE MARQUIS DE PRIOLA

Le Marquis de Priola . . . . MM. Le Bargy.
Le Chesne. . . . . Delaunay.
Le Docteur Savières. . . . . . . Mayer, Numa.
Un Domestique . . . . Falconnier.
2ᵉ Monsieur . . . . Esquier.
Brabançon . . . . Croué.
Pierre Morain. . . . . Dessonnes.
1ᵉʳ Monsieur. . . . . Grandval.
Un Domestique . . . . Laty.
Mme de Valleroy . . . . Mmes Sorel.
Mme Le Chesne. . . . . Géniat.
Mme Savières. . . . . Delvair.
Une Femme de chambre . . . . . . Lherbay.

LE MARQUIS DE VILLEMER

Le Comte de Dunières . . . . . . MM. Laugier, Siblot.
Urbain, Marquis de Villemer . . . . Leitner, Lambert.
Gaétan, Duc d'Aléria . . . . Mayer.

Benoit. . . . . MM. Joliet.
Pierre. Ravet.
La Marquise de Villemer. . . . . . . Mmes Pierson, Persoons.
Diane de Saintrailles. . . . . Müller, Garrick.
Léonie, Baronne d'Arglade. . . . . . Mitzy-Dalti.
Caroline de Saint-Geneix . . . . Maille.

LE MÉDECIN MALGRÉ LUI

Sganarelle . . . . MM. Truffier, Coquelin cadet,
Croué.
Géronte . . . . Laugier, Siblot.
Léandre . . . . Dehelly, Esquier.
Lucas . . . . Joliet.
M. Robert . . . . Falconnier.
Valère . . . . Hamel, Ravet.
Lucinde . . . . Mmes Müller, Bergé.
Martine. . . . . Th. Kolb, Amel.
Jacqueline . . . . Lynnès, Boyer.

LE MENTEUR

Géronte. . . . . MM. Silvain.
Cliton . . . . Truffier.
Dorante . . . . Dehelly.
Philiste. . . . . Esquier.
Alcippe. . . . . Dessonnes.
Sabine . . . . Mmes Th. Kolb.
Isabelle. . . . . Boyer.
Clarice . . . . Mitzy-Dalti.
Lucrèce. . . . . Bergé.

1807

Hugues de Plessis-Fronsac . . . . . . MM. Dehelly.
Le Colonel Montcornet. . . . . Mayer.
Léonidas. . . . . Croué.
Antoine . . . . Laty.
Mme de Mélusay. . . . . Mlle du Minil.

Charlotte de Fronsac. . . . . Mmes Clary.
Julie . . . .   Faylis.

LE MISANTHROPE

Alceste. . . . .   MM. Silvain.
Oronte. . . . .   Truffier.
Acaste . . . .   Dehelly.
Philinte . . . .   Delaunay.
Dubois. . . . .   Joliet.
Un Garde . . . .   Falconnier.
Clitandre. . . . .   Esquier.
Basque (un Valet) . . . .   Laty.
Célimène . . . .   Mmes Sorel.
Arsinoé . . . .   Persoons.
Éliante. . . . .   Géniat.

MOLIÈRE

Poème dit par Mme Segond-Weber.

LE MONDE OU L'ON S'ENNUIE

Paul Raymond. . . . .   MM. Truffier, Berr, Brunot.
Le Général de Briais . . . .   Laugier, Ravet.
Bellac . . . .   Delaunay.
De Saint-Réault . . . .   Joliet.
François. . . . .   Falconnier.
Virot . . . .   Hamel.
Gaïac . . . .   Esquier.
Toulonnier . . . .   Ravet, Numa.
Roger de Céran . . . .   Dessonnes.
Des Millets. . . . .   Siblot.
Melchior de Boines . . . .   Brunot, Grandval.
La Duchesse de Réville . . . . Mmes Pierson.
Jeanne Raymond . . . .   Müller, Clary.
Mme de Loudan. . . . .   Fayolle, Th. Kolb, Amel.
La Comtesse de Céran. . . . .   Persoons.
Mme de Boines . . . .   Lynnès, Th. Kolb.

Lucy Watson. . . . . Mmes Géniat.
Suzanne de Villiers. . . . . Garrick, Leconte.
Mme de Saint-Réault . . . . Clary, Lynnès, Faylis.
Mme Arriégo . . . . Mitzy-Dalti, Clary.

MONSIEUR DE POURCEAUGNAC

M. de Pourceaugnac. . . . . MM. Coquelin cadet.
Sbrigani. . . . . Truffier.
1er Médecin . . . . Laugier.
Éraste. . . . . Dehelly.
2e Suisse . . . . Joliet.
1er Suisse . . . . Falconnier.
1er Avocat . . . . Hamel.
Un Exempt . . . . Esquier.
2e Médecin . . . . Ravet.
Un Apothicaire . . . . Croué.
Oronte . . . . Siblot.
2e Avocat . . . . Brunot.
2e Médecin grotesque . . . . Grandval.
1er Médecin grotesque. . . . . . . Numa.
Nérine . . . . Mmes Th. Kolb.
Lucette . . . . Lynnès.
Julie . . . . Garrick, Bergé.

LA MORT DE POMPÉE

Achorée. . . . . MM. Silvain.
Jules-César . . . . P. Mounet.
Ptolémée, roi d'Égypte . . . . . . Leitner.
Photin . . . . Delaunay.
Septime. . . . . Falconnier.
Marc-Antoine . . . . Hamel.
Achillas. . . . . Ravet.
Philippe . . . . Dessonnes.
Cornélie . . . . Mmes Segond-Weber.
Cléopâtre. . . . . Delvair.
Charmion. . . . . Roch.

LES MOUETTES

Chambalot	MM. Duflos.
Jean Kervil	Mayer.
Mme Darnot	Mmes du Minil.
Yvonne Kervil	Lara.
Marianne	Lynnès.
Anne-Marie	Dussane, Bergé.
Adrienne Darnot	Cerny.
Gilberte Darnot	La petite Lyrisse.

NICOMÈDE

Prusias, roi de Bithynie	MM. Silvain.
Nicomède	Lambert.
Attale	Fenoux.
Araspe	Hamel.
Flaminius	Ravet.
Arsinoé	Mmes Dudlay.
Laodice, reine d'Arménie	Segond-Weber.
Cléone	Lherbay.

LA NUIT D'OCTOBRE

Le Poète	M. Lambert.
La Muse	Mme Segond-Weber.

OEDIPE ROI

OEdipe	MM. Mounet-Sully.
Un Ancien esclave de Laïus	Laugier.
Le Prêtre de Jupiter	Delaunay.
Créon	Fenoux.
Un Messager de Corinthe	Falconnier.
Le Coryphée	Hamel.
Tirésias	Ravet, P. Mounet.
Jeune fille thébaine	Mmes Géniat.
Jocaste	Delvair.
Jeune fille thébaine	Roch.

ON NE BADINE PAS AVEC L'AMOUR

Perdican	MM. Le Bargy.
Maître Blazius	Leloir.
Le Baron	Laugier.
Chœur des jeunes gens	Dehelly.
Maître Bridaine	Joliet.
Un Paysan	Falconnier.
Chœur des vieillards	Ravet, Siblot, Hamel.
Camille.	Mmes Bartet.
Rosette.	Müller, Garrick.
Dame Pluche.	Amel, Fayolle.

LA PAIX CHEZ SOI

Trielle	M. de Féraudy.
Valentine	Mlle Leconte.

PARAÎTRE

Le Baron	MM. de Féraudy.
Lacouderie	Delaunay, Dessonnes, Hamel.
Paul Margès.	Mayer.
Pierre	Falconnier, Joliet.
Eugène Raidzell.	Ravet.
Colozzi	Croué, Brunot.
M. Margès.	Siblot.
Luynais	Grandval.
Jean Raidzell	Grand.
Le Graffier	Numa.
Un Domestique	Laty.
Mme Deguingois	Mmes Pierson.
Germaine Lacouderie.	Leconte.
Mme Margès	Th. Kolb.
Juliette	Piérat.
Mme de Bénauge	Géniat, Garrick, Dussane.
Mme de Gravigny	Garrick, Bergé, Dussane.
Mme Hurtz	Roch.
Mme Naizerone.	Clary.

Mme Caugé . . . . Mmes Mitzy-Dalti.
Christiane Margès . . . .   Cerny.

LE PARASITE

Phèdre . . . .   MM. Dessonnes.
Eaque . . . .   Brunot.
Un Esclave . . . .   Laty.
Myrrhine . . . .   Mmes Géniat.
Lampito . . . .   Clary.

UNE PARISIENNE A CORNEILLE (1)

Poésie dite par Mme Lara.

LE PÈRE LEBONNARD

Lebonnard . . . .   MM. Silvain.
Robert Lebonnard . . . .   Dehelly.
Le Marquis d'Estrey . . . . . .   Delaunay.
Le Docteur André . . . .   Dessonnes.
Marthe . . . .   Mmes Th. Kolb.
Jeanne Lebonnard . . . .   Géniat.
Mme Lebonnard . . . .   L. Silvain.
Blanche d'Estrey . . . .   Mitzy-Dalti.

LE PETIT HÔTEL

Boismartin . . . .   MM. Berr, Numa.
La Marsillière . . . .   Laugier.
Un Notaire . . . .   Siblot.
Joseph . . . .   Brunot.
Antoinette de Cernay . . . .   Mlle Clary.

PHÈDRE

Hippolyte . . . .   MM. Lambert.
Thésée . . . .   P. Mounet.
Théramène . . . .   Ravet.

(1) C'est la même poésie que *Visite à Corneille* (6 juin 1886).

Aricie	Mmes	Lara.
Phèdre		Segond-Weber.
Œnone		Roch.
Ismène		Maille.
Panope		Lherbay.

LES PHÉNICIENNES

Œdipe	MM.	Mounet-Sully.
Le Pâtre		Silvain.
Polynice		Lambert.
Créon		P. Mounet.
Étéocle		Fenoux.
Le Pædagogue		Falconnier.
Un Vieillard thébain		Hamel.
Un Chef thébain		Esquier.
Un Messager		Ravet.
Antigone	Mmes	Segond-Weber.
Jocaste		Delvair.
Ménœcée		L. Silvain.
Une Phénicienne		Roch.
Une Thébaine		Maille.
Une Servante		Lherbay.

PHILIBERTE

Le Chevalier de Talmay	MM.	Baillet.
Le Duc de Charamaule		Laugier.
Le Notaire		Falconnier.
Raymond de Taulignan		Dessonnes.
Le Comte d'Ollivon		Grandval.
Un Valet		Laty.
La Marquise de Grandchamp	Mmes	Persoons.
Julie		Garrick.
Philiberte		Maille.

LES PLAIDEURS

L'Intimé	MM.	Berr, Coquelin cadet.
Chicaneau		Joliet, Laugier.

Léandre . . . .   MM. Esquier, Dehelly.
Petit-Jean. . . . .   Croué, Truffier.
Dandin. . . . .   Siblot, Leloir.
Le Souffleur. . . . .   Laty, Berr.
La Comtesse . . . .   Mmes Fayolle, Amel.
Isabelle . . . .   Bergé, Müller.

LE PLAISIR DE ROMPRE

Maurice . . . .   M. Numa.
Blanche . . . .   Mlle Mitzy-Dalti.

POLICHE

Didier Meireuil . . . .   MM. de Féraudy.
Boudier . . . .   Mayer.
Le Gérant . . . .   Hamel.
Laub . . . .   Ravet.
François. . . . .   Croué.
Lecointe. . . . .   Siblot.
2ᵉ Garçon . . . .   Brunot.
Saint-Vast. . . . .   Grand.
Un Domestique . . . .   Laty.
Thérésette. . . . .   Mmes Leconte.
Rosine de Rinck. . . . .   Sorel.
Augustine . . . .   Lynnès.
Eugénie . . . .   Clary, Dussane.
Pauline Laub . . . .   Cerny.
Mme Lecointe . . . .   Lherbay.

POLYEUCTE

Polyeucte . . . .   MM. Mounet-Sully.
Félix. . . . .   Silvain.
Sévère. . . . .   Lambert.
Néarque. . . . .   Delaunay.
Cléon . . . .   Falconnier.
Fabian. . . . .   Hamel.
Albin . . . .   Ravet.
Pauline . . . .   Mmes Segond-Weber.
Stratonice . . . .   Delvair.

POUR L'ANNIVERSAIRE DE RACINE (1)

Poésie lue par **M. Mounet-Sully**.

LES PRÉCIEUSES RIDICULES

La Grange.	MM.	Dehelly.
Gorgibus.		Joliet, Laugier.
1ᵉʳ Porteur.		Falconnier.
Du Croisy.		Esquier.
Jodelet.		Croué, Truffier.
Mascarille		Brunot, Coquelin cadet.
Un Violon.		Gaudy.
2ᵉ Porteur.		Laty.
Madelon	Mmes	Lynnès, Leconte.
Cathos		Dussane.
Marotte		Faylis.

LE PRÉTEXTE

Laperche	MM.	Berr.
De Ternoy		Laugier.
André Lebrizard.		Numa.
Jeanne	Mmes	Müller, Bergé.
Mme de Fiérens.		du Minil.
Mme Lebrizard		Th. Kolb.
Augustine		Dussane, Clary, Bergé.

LA PRINCESSE DE BAGDAD

Golder	MM.	Coquelin cadet.
Richard		Laugier.
Nourvady		Dullos.
Jean de Hun		Mayer.
Antoine		Falconnier.
Un Commissaire de police		Ravet.
Trévelé		Numa.
Un Domestique		Laty.

(1) C'est la même poésie que *Stances à Racine* (21 décembre 1865).

Lionnette . . . . Mmes Sisos.
Une Femme de chambre . . . . . .   Faylis.
Raoul de Hun . . . .   La petite L. Maton.

PSYCHÉ (1)

L'Amour . . . . Mmes Piérat.
Zéphire . . . .   Clary.
Psyché . . . .   Maille.

REMERCIEMENT

Dit par M. Coquelin cadet.

LA REVANCHE D'IRIS

Diogène . . . .   M. Croué.
Iris . . . .   Mlle Boyer.

LE RÉVEIL

Le Prince Grégoire . . . . MM. Mounet-Sully.
Le Prince Jean . . . .   Le Bargy, Fenoux.
Siméon Keff . . . .   P. Mounet, Ravet.
Farmont . . . .   Delaunay, Ravet.
Raoul de Mégée . . . .   Mayer.
Un Domestique . . . .   Laty.
Thérèse de Mégée . . . . Mmes Bartet.
La Comtesse de Mégée . . . . . .   Pierson.
Mme de Farmont . . . .   Persoons, Roch.
Rose de Mégée . . . .   Bergé, Garrick.
Une Femme de chambre . . . . . .   Faylis.
Maria . . . .   Lherbay.

LE REZ-DE-CHAUSSÉE

Guy de Nortain . . . . MM. Dehelly.
Célestin . . . .   Laty.
Claire (2) . . . . Mmes Géniat.
Fanny de Bréval . . . .   Mitzy-Dalti.

(1) 3ᵉ acte.
(2) Sur la brochure : Germaine de Chatnay.

RODOGUNE

Antiochus	MM.	Lambert.
Séleucus.		Leitner
Oronte.		Delaunay.
Timagène		Fenoux.
Cléopâtre	Mmes	Dudlay.
Rodogune		Segond-Weber.
Laonice		L. Silvain.

LES ROMANESQUES

Straforel.	MM.	Truffier.
Pasquinot		Laugier.
Percinet		Dehelly, Berr.
Blaise		Falconnier.
Bergamin		Siblot.
Sylvette	Mmes	Muller, Garrick.

ROME VAINCUE

Vestaepor	MM.	Mounet-Sully.
Quintus Fabius Maximus		Silvain.
Cnéius Lentulus		Lambert.
Quintus Ennius		Leitner.
Lucius Cornélius		Delaunay.
Kaeso		Joliet.
1er Vieillard		Falconnier.
Publius Furius Philus		Hamel.
Caïus		Esquier.
Festus Métellus		Ravet.
2e Vieillard		Laty.
Posthumia	Mmes	Dudlay.
Opimia		Segond-Weber
Junia		Garrick.
Une Vestale		Maille.
Une Femme du peuple		Faylis.
Galla		Lherbay.

RUE SAINT-THOMAS DU LOUVRE

Pierre Corneille	MM.	Fenoux.
Jean Rotrou		Hamel.
Paul Larmenault		Ravet.
Claude Jarry		Siblot.
Nicolas Jarry		Grandval.
Jeanne Larmenault	Mlle	Clary.

RUY BLAS

Don César de Bazan	MM.	Baillet.
Ruy Blas		Lambert.
Don Salluste de Bazan		P. Mounet.
Don Guritan		Laugier, Delaunay.
Le Comte d'Albe		Dehelly.
Le Comte de Camporeal		Fenoux, Hamel.
Covadenga		Joliet.
Don Antonio Ubilla		Falconnier.
Don Manuel Arias		Hamel, Siblot, Numa.
Montazgo		Esquier.
Le Marquis de Santa-Cruz		Ravet.
Un Laquais		Croué.
Le Marquis de Priégo		Dessonnes.
Un Alguazil		Grandval.
Gudiel		Gaudy.
Un Alcade		Laty.
Le Marquis del Basto		Roussel.
Doña Maria de Neubourg, reine d'Espagne	Mmes	Bartet, Lara.
Une Duègne		Th. Kolb.
La Duchesse d'Albuquerque (La Camerera mayor.)		Fayolle, Persoons.
Casilda		Géniat, Garrick.
Un Page		Faylis, Lherbay.

SALUT A CORNEILLE

Lu par M. Silvain.

SANS LUI

Philippe	M. Numa.
Lucienne	Mmes Leconte.
Joséphine	Faylis.

SHYLOCK

Shylock	MM. Leloir.
Bassanio.	Leitner.
Lorenzo	Dehelly.
Antonio	Fenoux.
Un Officier.	Falconnier.
Le Doge de Venise	Ravet.
Tubal	Siblot.
Gratiano.	Brunot.
Un Valet	Laty.
Un Valet	Roussel, Henry Paul.
Portia	Mmes Lara.
Jessica	Garrick.
Nerissa	Dussane.

STANCES A CORNEILLE

Poésie lue par M. Mounet-Sully.

TARTUFFE

Tartuffe.	MM. Silvain, Coquelin cadet.
M. Loyal	Truffier, Joliet.
Orgon.	Laugier, Siblot.
Valère.	Dehelly.
Cléante	Hamel, Delaunay.
Damis	Esquier, Grandval.
Un Exempt	Dessonnes, Falconnier, Ravet.
Marianne	Mmes Müller, Géniat, Garrick.
Elmire	Sorel, du Minil, L. Silvin.
Dorine	Th. Kolb.
Mme Pernelle.	Fayolle, Amel.

LE TESTAMENT DE CÉSAR GIRODOT

Isodore Girodot	MM. Coquelin cadet.
Massias	Laugier.
Langlumeau.	Joliet.
Félix Girodot	Hamel.
Lehuchoir.	Ravet.
Célestin	Croué.
Maître Simon	Siblot.
Lucien.	Grandval.
Hortense.	Mmes du Minil.
Clémentine	Fayolle.
Pauline	Garrick.

UN TOUR DE NINON

Charles de Sévigné	MM. Dehelly.
Racine.	Fenoux.
La Champmeslé.	Mmes Delvair.
Ninon de Lenclos	Mitzy-Dalti.
Une Servante	Faylis.

TRILBY

Dougal	MM. Leitner.
Tommy	Croué.
Georges d'Argail	Dessonnes.
Jeannie	Mmes Géniat.
Trilby.	Dussane.

TRIOMPHE HÉROIQUE

Poème lu par M. Mounet-Sully.

LES TROIS DUMAS

Vers lus par M. Mounet-Sully.

VERS L'AUBE DE CORNEILLE

Sonnet lu par M. Mounet-Sully.

LES VICTOIRES

Le Père Joseph	MM. Delaunay.
Corneille	Fenoux.
Mairet	Hamel.
Scudéry	Ravet.
Le Marquis d'Aubusson	Dessonnes, Grandval.
Mme de Brienne	Mmes Géniat.
Mlle de Scudéry	Mitzy-Dalti.

UNE VISITE DE NOCES

De Cygneroi (Gaston)	MM. Le Bargy.
Lebonnard	de Féraudy, Truffier.
Un Valet de chambre	Laty.
Mme de Morancé (Lydie)	Mmes Bartet.
Mme de Cygneroi (Fernande)	Müller.

LE VOYAGE DE M. PERRICHON

Perrichon	MM. Coquelin cadet.
Daniel Savary	Berr.
Le Commandant Mathieu	Laugier.
Armand Desroches	Dehelly.
Un Aubergiste	Falconnier.
Joseph	Croué, Grandval.
Majorin	Siblot.
Jean	Brunot, Croué.
Un Employé du chemin de fer	Laty.
Un Facteur du chemin de fer	Roussel, Henry Paul.
Mme Perrichon	Mmes Fayolle.
Henriette	Garrick, Bergé.

LA VRAIE FARCE DE MAITRE PATHELIN

Maître Pierre Pathelin	MM. Truffier.
Le Juge	Joliet.
Maître Guillaume Joceaume	Siblot.
Thibault Aignelet	Brunot, Croué.
Dame Guillemette	Mme Amel.

TABLE ALPHABÉTIQUE DES ARTISTES

RÔLES JOUÉS PAR EUX POUR LA PREMIÈRE FOIS

Mlle BERGÉ

M. de Pourceaugnac. (JULIE.).	25	Mars.
Paraître. (MADAME DE GRAVIGNY.)	10	Avril.
Le Menteur. (LUCRÈCE.)	4	Juin.
Le Médecin malgré lui. (LUCINDE.)	29	Juillet.
Les Fourberies de Scapin. (HYACINTHE.)	3	Août.
Le Prétexte. (JEANNE.)	9	—
Le Dépit amoureux. (LUCILE.)	17	—
Les Plaideurs. (ISABELLE.).	19	—
Le Légataire universel. (ISABELLE.).	23	—
L'Avare. (MARIANNE.).	8	Septembre
La Courtisane. (UNE JEUNE FEMME.) 1ʳᵉ Représentation	16	Octobre.
Le Voyage de M. Perrichon. (HENRIETTE.)	25	Novembre
Les Mouettes. (ANNE-MARIE.).	2	Décembre
La Fontaine de Jouvence. (NÉÈRE.)	8	—
Le Prétexte. (AUGUSTINE.).	13	—
Le Malade imaginaire. (ANGÉLIQUE.)	20	—

M. BERR

Le Voyage de M. Perrichon. (DANIEL SAVARY.) 1ʳᵉ Représentation à ce théâtre.	10	Mai.
Le Prétexte. (LAPERCHE.) 1ʳᵉ Représentation	13	Juillet.

M. BRUNOT

Le Parasite. (EAQUE.) 1ʳᵉ Représentation à ce théâtre	13	Février.
Le Bourgeois gentilhomme. (LE MAÎTRE DE CÉRÉMONIE.).	25	—
Le Voyage de M. Perrichon. (JEAN.) 1ʳᵉ Représentation à ce théâtre.	10	Mai.
Le Barbier de Séville. (LA JEUNESSE.).	25	Août.

Le Monde où l'on s'ennuie. (Paul Raymond.) . . . . 28 Août.
Les Folies amoureuses. (Crispin.) . . . . 1er Septembre.
La Courtisane. (D'Axel.) 1re Représentation. . . . . 16 Octobre.
Paraître. (Colozzi.) . . . . 10 Novembre.
Francillon. (Célestin.) . . . . 5 Décembre.
Poliche. (2e Garçon.) 1re Représentation . . . . 10 —

Mlle CERNY

Paraître. (Christiane Margès.) 1re Représentation . . . . 2 Avril (1).
La Courtisane. (Pyrenna.) 1re Représentation . . . . . 16 Octobre.
Les Mouettes. (Adrienne Darnot.) 1re Représentation. . . 14 Novembre.
Poliche. (Pauline Laur.) 1re Représentation . . . . . . 10 Décembre.

Mlle CLARY

Le Parasite. (Lampito.) 1re Représentation à ce théâtre . 13 Février.
Paraître. (Madame Naizerone.) 1re Représentation . . . . 2 Avril.
Psyché (2). (Zéphire.) . . . . 5 Juin.
Le Jeu de l'amour et du hasard. (Lisette.) . . . . 22 Août.
Les Folies amoureuses. (Agathe.) . . . . 1er Septembre.
Le Cid. (Un Page.) . . . . 16 —
La Femme de Tabarin. (Télamire.) . . . . 4 Octobre.
Le Prétexte. (Augustine.) . . . . 3 Décembre.
Francillon. (Élisa.) . . . . 5 —
Poliche. (Eugénie.) 1re Représentation . . . . 10 —

M. COQUELIN CADET

Le Voyage de M. Perrichon. (Perrichon.) 1re Représentation à ce théâtre . . . . 10 Mai.
Illusion comique (3). (Matamore.) . . . . 8 Juin.
Remerciement. 1re Représentation . . . . 12 —
La Princesse de Bagdad. (Golder.) . . . . 5 Juillet.

M. CROUÉ

Le Bourgeois gentilhomme. (Covielle.) . . . . 25 Février.
Paraître. (Colozzi.) 1re Représentation . . . . 2 Avril.

(1) L'affiche porte : « Débuts de M. Grand et de Mlle Berthe Cerny ».
(2) 3e acte.
(3) II, ii; III, iii, iv, vii, viii et ix.

Le Voyage de M. Perrichon. (JOSEPH.) 1re Représenta-
tion à ce théâtre . . . .   10 Mai.
Le Médecin malgré lui. (SGANARELLE.) . . . .   24 Août.
Le Voyage de M. Perrichon. (JEAN.). . . . .   30 Septembre.
La Courtisane. (UN HOMME.) 1re Représentation . . . . .   16 Octobre.
Poliche. (FRANÇOIS.) 1re Représentation. . .   . .   10 Décembre.

Mlle DALTI (MITZY-)

Le Marquis de Villemer. (LÉONIE, BARONNE D'ARGLADE.). .   28 Janvier.
Paraître. (MADAME CAUGÉ.) 1re Représentation . . . . . .   2 Avril.
Le Menteur (1). (CLARICE.). . . . .   4 Juin.
Les Victoires. (MADEMOISELLE DE SCUDÉRY.) 1re Représen-
tation.   5   —
Le Dernier Madrigal. (ARMANDE BÉJART.)   8   —
Le Rez-de-chaussée. (FANNY DE BRÉVAL.). . . . .   25 Août.
La Femme de Tabarin. (LA PRINCESSE PHILOXÈNE.) . . . .   4 Octobre.
Le Plaisir de rompre. (BLANCHE.). . . . .   2 Décembre.
Un Tour de Ninon. (NINON DE LENCLOS.) 1re Représen-
tation   21   —

M. DEHELLY

Les Romanesques. (PERCINET.). . . . .   1er Mars.
Le Voyage de M. Perrichon. (ARMAND DESROCHES.) 1re Re-
présentation à ce théâtre . . . .   10 Mai.
La Fontaine de Jouvence. (TÉLAMON.) 1re Représentation.   5 Juillet.
Un Tour de Ninon. (CHARLES DE SÉVIGNÉ.) 1re Représen-
tation. . . . .   21 Décembre.

M. DELAUNAY

Paraître. (LACOUDERIE.) 1re Représentation . . . .   2 Avril.
La Mort de Pompée. (PHOTIN.) . . . .   3 Juin.
Les Victoires. (LE PÈRE JOSEPH.) 1re Représentation . . .   5   —
La Fontaine de Jouvence. (ARCHIS.) 1re Représentation.   5 Juillet.
Ruy Blas. (DON GURITAN.). . . . .   10 Septembre.
Tartuffe. (CLÉANTE.) . . . .   14 Octobre.
Bérénice. (ARSACE.). . . . .   21 Décembre.

(1) Le 6 juin 1904, on a donné les 1er et 2e actes de cette comédie, Mlle Mitzy-Dalti y
jouait le rôle de Clarice.

Mlle DELVAIR

La Mort de Pompée. (CLÉOPÂTRE.) . . . . 3 Juin.
L'Énigme. (GISELLE DE GOURGIRAN.) . . . . 24 Septembre.
La Courtisane. (LA COMTESSE FÉLINE.) 1ᵣₑ Représentation. 16 Octobre.
Un Tour de Ninon. (LA CHAMPMESLÉ.) 1ʳᵉ Représentation . 21 Décembre.

M. DESSONNES

Les Caprices de Marianne (COELIO.) . . . . 19 Janvier.
Le Cid. (DON SANCHE.). . . . . 25 —
Le Parasite. (PHÈDRE.). 1ʳᵉ Représentation à ce théâtre. . 13 Février.
Les Burgraves. (LE CAPITAINE DU BURG.) . . . . 26 —
Le Duel. (L'ABBÉ DANIEL.) . . . . 9 Mars.
Paraître. (LACOUDERIE.) . . . . 25 Avril.
La Mort de Pompée. (PHILIPPE.) . . . . 3 Juin.
Le Menteur (1). (ALCIPPE.). . . . . 4 —
Les Victoires. (LE MARQUIS D'AUBUSSON.). 1ʳᵉ Représenta-
tion. . . . . 5 —
Les Larmes de Corneille. (UN ENSEIGNE AUX DRAGONS DE
CHAMILLY.) 1ʳᵉ Représentation. . . . . 6 —
La Courtisane. (UN JEUNE HOMME.) 1ʳᵉ Représentation . . 16 Octobre.

Mlle DUDLAY

Nicomède. (ARSINOÉ.) . . . . 6 Juin.

M. DUFLOS

Les Caprices de Marianne. (OCTAVE.). . . . . 19 Janvier.
Francillon. (STANISLAS DE GRANDREDON.) . . . . 12 Juin.
La Princesse de Bagdad. (NOURVADY.) . . . . 5 Juillet.
Les Mouettes. (CHAMBALOT.) 1ʳᵉ Représentation . . . . . 14 Novembre.

Mlle DU MINIL

Les Caprices de Marianne. (HERMIA.). . . . . 19 Janvier.
Les Larmes de Corneille. (MADAME MARTHE DE FONTE-
NELLE.) 1ʳᵉ Représentation . . . . 6 Juin.

(1) Le 6 juin 1900, on a donné les 1ᵉʳ et 2ᵉ actes de cette comédie, M. Dessonnes y
jouait le rôle d'Alcippe.

Francillon. (Thérèse Smith.). . . . . 12 Juin.
Le Prétexte. (Madame de Fiérens.). 1ʳᵉ Représentation. . 13 Juillet.
Mademoiselle de la Seiglière. (La Baronne de Vaubert.). 13 Août.
Les Mouettes. (Madame Darnot.) 1ʳᵉ Représentation . . . 14 Novembre.

Mlle DUSSANE

Les Femmes savantes. (Martine.) . . . . 27 Février.
Paraître. (Madame de Gravigny.) . . . . 11 Mai.
L'Illusion comique (1). (Isabelle.) . . . . 8 Juin.
Francillon. (Élisa.). . . . . 12 —
Le Prétexte. (Augustine.) 1ʳᵉ Représentation . . . . . . 13 Juillet.
L'École des maris. (Lisette.) . . . . 19 Août.
La Courtisane. (Madame de Chambreuse.) 1ʳᵉ Représen-
   tation. . . . . 16 Octobre.
Les Mouettes. (Anne-Marie.) 1ʳᵉ Représentation . . . . 14 Novembre.
Paraître. (Madame de Bénauge.) . . . . 28 —
Poliche. (Eugénie.). . . . . 29 Décembre.

M. ESQUIER

Rome vaincue. (Caïus.) . . . . 11 Mars.
Les Plaideurs. (Léandre.) . . . . 19 Août.
La Courtisane. (D'Hervey.) 1ʳᵉ Représentation. . . . . . 16 Octobre.

M. FALCONNIER

Paraître. (Pierre.) 1ʳᵉ Représentation . . . . 2 Avril.
Le Voyage de M. Perrichon. (Un Aubergiste.) 1ʳᵉ Repré-
   sentation à ce théâtre. . . . . 10 Mai.
La Mort de Pompée. (Septime.) . . . . 3 Juin.
Corneille et Richelieu. (Un Jeune capucin.) . . . . . . 3 —
La Princesse de Bagdad. (Antoine.) . . . . 5 Juillet.
Tartuffe. (Un Exempt.) . . . . 10 Août.
L'Énigme. (Laurent.) . . . . 24 Septembre.
La Courtisane. (Maître Anselme.) 1ʳᵉ Représentation. . . 16 Octobre.

Mlle FAYLIS

La Princesse de Bagdad. (Une Femme de chambre.) . . . 5 Juillet.
Le Flibustier. (Une Vieille femme.) . . . . 29 —

(1) II, 11; III, 111, iv, vii, viii et ix.

Le Duel. (YVONNE.) . . . . 1ᵉʳ Août.

Horace et Lydie. (BEROÉ.). . . . . 7 —

Le Monde où l'on s'ennuie. (MADAME DE SAINT-RÉAULT.) . 28 —

La Courtisane. (UNE CAMÉRISTE.) 1ʳᵉ Représentation . . . 16 Octobre.

Un Tour de Ninon. (UNE SERVANTE.) 1ʳᵉ Représentation . 21 Décembre.

Mlle FAYOLLE

Le Voyage de M. Perrichon. (MADAME PERRICHON.) 1ʳᵉ Représentation à ce théâtre . . . . 10 Mai.

M. FENOUX

Le Réveil. (LE PRINCE JEAN.). . . . . 24 Février.

Le Bourgeois gentilhomme. (DORANTE.). . . . . 6 Mars.

Les Victoires. (CORNEILLE.) 1ʳᵉ Représentation. . . . . . 5 Juin.

Nicomède. (ATTALE.) . . . . 6 —

Hernani. (DON CARLOS.). . . . . 29 Août.

La Courtisane. (PRADELYS.) 1ʳᵉ Représentation . . . . . . 16 Octobre.

Un Tour de Ninon. (RACINE.) 1ʳᵉ Représentation . . . . . 21 Décembre.

M. DE FÉRAUDY

Paraître. (LE BARON.) 1ʳᵉ Représentation . . . . 2 Avril.

La Paix chez soi. (TRIELLE.) 1ʳᵉ Représentation à ce
théâtre . . . . 5 Juillet.

Poliche. (DIDIER MEIREUIL.) 1ʳᵉ Représentation . . . . . . 10 Décembre.

Mlle GARRICK

Le Réveil. (ROSE DE MÉGÉE.) . . . . 27 Janvier.

On ne badine pas avec l'amour. (ROSETTE.) . . . . 23 Février.

Rome vaincue. (JUNIA.). . . . . 11 Mars.

Paraître. (MADAME DE GRAVIGNY.) 1ʳᵉ Représentation . . . 2 Avril.

Le Voyage de M. Perrichon. (HENRIETTE.) 1ʳᵉ Représentation à ce théâtre . . . . 10 Mai.

La Chance de Françoise. (MADELEINE.) . . . . 17 —

Paraître. (MADAME DE BÉNAUGE.). . . . . 18 —

Le Luthier de Crémone. (GIANNINA.) . . . . 24 Juin.

La Fontaine de Jouvence. (NÉÈRE.) 1ʳᵉ Représentation. . 5 Juillet.

Le Marquis de Villemer. (DIANE DE SAINTRAILLES.) . . . . 2 Août.

Le Bonhomme Jadis. (Jacqueline.). . . . . 11 Août.
L'Avare. (Élise.). . . . . 7 Octobre.
Le Demi-monde. (Marcelle.) . . . . 7 —

M. GAUDY

La Courtisane. (Un Vieillard.) 1ʳᵉ Représentation . . . . 16 Octobre.

Mlle GÉNIAT

Le Parasite. (Myrrhine.) 1ʳᵉ Représentation à ce théâtre. 13 Février.
Paraître. (Madame de Bénauge.) 1ʳᵉ Représentation. . . . 2 Avril.
Les Victoires. (Madame de Brienne.) 1ʳᵉ Représentation . 5 Juin.
L'Énigme. (Léonore de Gourgiran.) . . . . 24 Septembre.

M. GRAND

Paraître. (Jean Raidzell.) 1ʳᵉ Représentation . . . . 2 Avril (1).
Poliche. (Saint-Vast.) 1ʳᵉ Représentation . . . . 10 Décembre.

M. GRANDVAL

Paraître. (Luynais.) 1ʳᵉ Représentation. . . . . 2 Avril.
Le Testament de César Girodot. (Lucien.) . . . . 8 —
Le Cid. (Don Alonse.) . . . . 17 —
Le Dernier Madrigal. (2ᵉ Seigneur.) . . . . 8 Juin.
L'Illusion comique (2). (Clindor.) . . . . 8 —
Le Voyage de M. Perrichon. (Joseph.). . . . . 8 Août.
Le Barbier de Séville. (L'Éveillé.). . . . . 25 —
Les Victoires. (Le Marquis d'Aubusson.) . . . . 30 —
La Femme de Tabarin. (Théodomas.). . . . . 4 Octobre.
La Courtisane. (Gilbert.) 1ʳᵉ Représentation. . . . . . . 16 —

M. HAMEL

Les Femmes savantes. (Un Notaire.). . . . . 15 Janvier.
On ne badine pas avec l'amour. (Chœur des vieillards.). 23 Février.
Rue Saint-Thomas du Louvre. (Jean Rotrou.) . . . . . . 19 Avril.
Paraître. (Lacouderie.) . . . . 2 Mai.
La Mort de Pompée. (Marc-Antoine.). . . . . 3 Juin.

(1) L'affiche porte : « Débuts de M. Grand et de Mlle Berthe Cerny. »
(2) II, ii ; III, iii, iv, vii, viii et ix.

Les Victoires. (MAIRET.) 1re Représentation . . . .   5 Juin.
Nicomède. (ARASPE.) . . . .   6 —
L'Illusion comique (1). (GÉRONTE.) . . . .   8 —
La Courtisane. (LE PRINCE DE SARDANE.) 1re Représentation.   16 Octobre.
Poliche. (LE GÉRANT.) 1re Représentation . . . .   10 Décembre.

M. JOLIET

Paraître. (PIERRE.) . . . .   11 Juin.
Le Barbier de Séville. (DON BAZILE.) . . . .   25 Août.
La Courtisane. (VORON.) 1re Représentation . . . . . .   16 Octobre.

Mlle TH. KOLB

Le Bourgeois gentilhomme. (NICOLE.) . . . .   25 Février.
Paraître. (MADAME MARGÈS.) 1re Représentation . . . .   2 Avril.
Le Menteur. (SABINE.) . . . .   4 Juin.
Le Prétexte. (MADAME LEBRIZARD.) 1re Représentation . . .   13 Juillet.

M. LAMBERT

Nicomède. (NICOMÈDE.) . . . .   6 Juin.
La Courtisane. (ROBERT.) 1re Représentation . . . .   16 Octobre.

Mme LARA

L'Apothéose de Musset. (LA VILLE DE PARIS.) 1re Représentation . . . .   23 Février.
Une Parisienne à Corneille (2) . . . .   6 Juin.
Les Mouettes. (YVONNE KERVIL.) 1re Représentation. . . .   14 Novembre

M. LATY

Les Caprices de Marianne. (UN GARÇON D'AUBERGE.) . . .   19 Janvier.
Le Parasite. (UN ESCLAVE.) 1re Représentation à ce théâtre . . . .   13 Février.
Paraître. (UN DOMESTIQUE.) 1re Représentation . . . . . .   2 Avril.
Le Voyage de M. Perrichon. (UN EMPLOYÉ DU CHEMIN DE FER.) 1re Représentation à ce théâtre . . . .   10 Mai.
La Princesse de Bagdad. (UN DOMESTIQUE.) . . . .   5 Juillet.

(1) II, II; III, III, IV, VII, VIII, et IX.
(2) C'est la même poésie que Visite à Corneille (6 juin 1886).

6

Les Femmes savantes. (Un Notaire.). . . . .   3 Août.
La Courtisane. (Un Officier.) 1re Représentation. . . . .   16 Octobre.
Poliche. (Un Domestique.) 1re Représentation. . . . . . .   10 Décembre

M. LAUGIER

Le Voyage de M. Perrichon. (Le Commandant Mathieu.)
   1re Représentation à ce théâtre . . . .   10 Mai.
La Princesse de Bagdad. (Richard.) . . . .   5 Juillet.
Le Prétexte. (De Ternoy.) 1re Représentation   13   —

Mlle LECONTE

L'Apothéose de Musset. (La Comédie.) 1re Représentation.   23 Février.
Paraître. (Germaine Lacouderie.) 1re Représentation . . .   2 Avril.
La Chance de Françoise. (Françoise.) . . . .   17 Mai.
La Paix chez soi. (Valentine.) 1re Représentation à ce
   théâtre . . . .   5 Juillet.
Poliche. (Thérésette.) 1re Représentation . . . .   10 Décembre.
Le Monde où l'on s'ennuie. (Suzanne de Villiers.)   30   —

M. LEITNER

Le Marquis de Villemer. (Urbain, marquis de Villemer.).   28 Janvier.
La Mort de Pompée. (Ptolémée, roi d'Égypte.) . . . . . .   3 Juin.
La Courtisane. (Le Roi.) 1re Représentation . . . .   16 Octobre.

M. LELOIR

Corneille et Richelieu. (Richelieu.). . . . .   3 Juin.
La Courtisane. (Callige.) 1re Représentation. . . . . . .   16 Octobre.

Mme LHERBAY

Les Caprices de Marianne. (Ciuta.) . . . .   10 Février.
Nicomède. (Cléone.) . . . .   6 Juin.
La Courtisane. (Une Mère.) 1re Représentation. . . . . .   16 Octobre.
Poliche. (Madame Lecointe.) 1re Représentation . . . . .   10 Décembre.

Mlle LYNNÈS

Les Caprices de Marianne. (Ciuta.) . . . .   19 Janvier.
Les Mouettes. (Marianne.) 1re Représentation . . . . . .   14 Novembre.
Poliche. (Augustine.) 1re Représentation . . . .   10 Décembre.

Mlle MAILLE

Le Marquis de Villemer. (CAROLINE DE SAINT-GENEIX.) . .	28 Janvier.
Rome vaincue. (UNE VESTALE.)	11 Mars.
Phèdre. (ISMÈNE.)	15 Avril.
Psyché (1). (PSYCHÉ.).	5 Juin.

M. MAYER

Le Marquis de Villemer. (GAÉTAN, DUC D'ALÉRIA.).	28 Janvier.
Paraître. (PAUL MARGÉS.) 1re Représentation.	2 Avril.
La Chance de Françoise. (MARCEL DESROCHES.)	17 Mai.
La Princesse de Bagdad. (JEAN DE HUN.)	5 Juillet.
Les Mouettes. (JEAN KERVIL.) 1re Représentation	14 Novembre.
Poliche. (BOUDIER.) 1re Représentation	10 Décembre.

M. P. MOUNET

La Mort de Pompée. (JULES-CÉSAR.).	3 Juin.
Les Larmes de Corneille. (CORNEILLE.) 1re Représentation.	6 —

M. MOUNET-SULLY (2)

Stances à Corneille. 1re Représentation.	3 Juin.
Triomphe héroïque. 1re Représentation.	6 —
Vers l'aube de Corneille. 1re Représentation	9 —
Pour l'anniversaire de Racine (3).	21 Décembre.

Mlle MÜLLER

Le Prétexte. (JEANNE.) 1re Représentation	13 Juillet.

M. NUMA

Le Cœur a ses raisons... (LUCIEN DE JULLIANGES.).	10 Janvier (4).
M. de Pourceaugnac. (1er MÉDECIN GROTESQUE.).	22 Mars.

(1) 3e acte.

(2) Par autorisation de M. le Ministre des Beaux-Arts, M. Mounet-Sully a joué, au théâtre de l'Odéon, le rôle de Don Juan dans la *Vieillesse de Don Juan*. (Pièce en trois actes, en vers, de MM. Mounet-Sully et P. Barbier. Représentée pour la première fois le 27 avril 1906. **24** représentations.)

(3) C'est la même poésie que *Stances à Racine* (21 décembre 1865).

(4) L'affiche porte, après le nom de M. Numa : « Débutera par le rôle de Lucien de Jullianges. »

Paraître. (Le Graffier.) 1re Représentation. . . . . . .   2 Avril.
La Princesse de Bagdad. (Trévelé.) . . . .   5 Juillet.
Le Prétexte. (André Lebrizard.) 1re Représentation. . . .   13 —
Sans lui. (Philippe.) . . . .   24 —
L'Avare. (Un Commissaire.). . . . .   30 —
Le Petit hôtel. (Boismartin.) . . . .   21 Août.
Le Monde où l'on s'ennuie. (Toulonnier.) . . . . . .   28 —
Hernani. (Le Duc de Lutzelbourg.). . . . .   29 —
Ruy Blas. (Don Manuel Arias.). . . . .   10 Septembre.
Blanchette. (M. Galoux.) . . . .   26 —
Le Marquis de Priola. (Le Docteur Savières.) . . . . .   30 —
La Femme de Tabarin. (Artaban.). . . . .   4 Octobre.
La Courtisane. (Georges.) 1re Représentation. . . . . .   16 —
Le Fils de Giboyer. (Le Chevalier de Germoise.). . . . .   4 Novembre.
Le Demi-monde. (Hippolyte Richond.) . . . .   8 —
Le Plaisir de rompre. (Maurice.). . . . .   2 Décembre.
Francillon. (Jean de Carillac.). . . . .   5 —
Le Malade imaginaire. (Béralde.) . . . .   27 —

Mlle PERSOONS

Le Marquis de Villemer. (La Marquise de Villemer.). . .   13 Septembre.

Mme PIÉRAT

Paraître. (Juliette.) 1re Représentation. . . . .   2 Avril.
Psyché (1). (L'Amour.). . . . .   5 Juin.

Mlle PIERSON

Paraître. (Madame Deguingois.) 1re Représentation . . . .   2 Avril.

M. RAVET

Les Femmes savantes. (Un Notaire.) . . . .   2 Janvier.
Le Réveil. (Farmont.) . . . .   13 —
Le Marquis de Villemer. (Pierre.). . . . .   28 —
Le Réveil. (Siméon Keff.) . . . .   5 Février.
Le Duel. (Monseigneur Bolène.). . . . .   9 —

(1) 3e acte.

Œdipe roi. (Tirésias.) . . . . 11 Février.

Le Bourgeois gentilhomme. (Maître d'armes.) . . . . . . 25 —

Rome vaincue. (Festus Métellus.). . . . . 11 Mars.

Paraître. (Eugène Raidzell.) 1re Représentation. . . . . . 2 Avril.

Horace. (Tulle.) . . . . 26 —

Les Effrontés. (Le Général.). . . . . 26 —

La Mort de Pompée. (Achillas.) . . . . 3 Juin.

Les Victoires. (Scudéry.) 1re Représentation . . . . 5 —

Nicomède. (Flaminius.) . . . . 6 —

La Fontaine de Jouvence. (Un Berger d'Arcadie.) 1re Représentation. . . . . 5 Juillet.

La Princesse de Bagdad. (Un Commissaire de police.). . . 5 —

Hernani. (Don Ruy Gomez de Silva.) . . . . 29 Août.

La Courtisane. (Un Ouvrier.) 1re Représentation . . . . . 16 Octobre.

Poliche. (Laub.) 1re Représentation. . . . . 10 Décembre.

Mlle ROCH

Paraître. (Madame Hurtz.) 1re Représentation. . . . . . . 2 Avril.

La Mort de Pompée. (Charmion.). . . . . 3 Juin.

Cinna. (Livie.) . . . . 4 —

La Fontaine de Jouvence. (Daméta.) 1re Représentation . 5 Juillet.

Le Réveil. (Madame de Farmont.). . . . . 26 —

Andromaque. (Andromaque.) . . . . 26 Août.

M. ROUSSEL

Le Voyage de M. Perrichon. (Un Facteur du chemin de
fer.) 1re Représentation à ce théâtre. . . . . 10 Mai.

Mme SEGOND-WEBER

Molière. 1re Représentation . . . . 15 Janvier.

L'Apothéose de Musset. (La Muse.) 1re Représentation. . 23 Février.

La Mort de Pompée. (Cornélie.) . . . . 3 Juin.

Nicomède. (Laodice, reine d'Arménie.) . . . . 6 —

La Nuit d'octobre. (La Muse.) . . . . 8 Septembre.

M. SIBLOT

On ne badine pas avec l'amour. (Chœur des vieillards.). 8 Février.

Paraître. (M. Margès.) 1re Représentation. . . . . 2 Avril.

Le Testament de César Girodot. (Maître Simon.) . . . . 8 Avril.
Le Marquis de Villemer. (Le Comte de Dunières.) . . . . 16 —
Les Effrontés. (Le Vicomte d'Isigny.). . . . . 24 —
Le Voyage de Monsieur Perrichon. (Majorin.) 1re Repré-
sentation à ce théâtre. . . . . 10 Mai.
Les Femmes savantes. (Chrysale.) . . . . 3 Août.
L'Aventurière. (Dario.) . . . . 6 —
Il ne faut jurer de rien. (Un Abbé.) . . . . 12 —
La Courtisane. (Un Campagnard.) 1re Représentation . . 16 Octobre.
Poliche. (Lecointe.) 1re Représentation . . . . 10 Décembre.

M. SILVAIN

La Mort de Pompée. (Achorée.). . . . . 3 Juin.
Nicomède. (Prusias, roi de Bithynie.) . . . . 6 —
Salut à Corneille. 1re Représentation . . . . 6 —

Mme L. SILVAIN

Cinna. (Émilie.). 4 Juin.

Mme SISOS

La Princesse de Bagdad. (Lionnette.). . . . . 5 Juillet.

Mlle SOREL

Les Caprices de Marianne. (Marianne.) . . . . 19 Janvier.
Poliche. (Rosine de Rinck.) 1re Représentation. . . . . 10 Décembre.

M. TRUFFIER

Le Menteur (1). (Cliton.) . . . . 4 Juin.
Mademoiselle de la Seiglière. (Destournelles.) . . . . . 20 Septembre.

(1) Le 6 juin 1902, on a donné les 1er et 2e actes de cette comédie, M. Truffier y jouait
le rôle de Cliton.

EXTRAIT DU REGISTRE

DES

REPRÉSENTATIONS JOURNALIÈRES

JANVIER

1ᵉʳ — (*Matinée.*) — Le Fils de Giboyer.
(*Soirée.*) — 1807. — Le Réveil.

2 — (*Matinée.*) — Les Fourberies de Scapin. — Les Femmes savantes.
(*Soirée.*) — En visite. — Le Duel.

3 — Le Bonheur qui passe. — Le Réveil.

4 — (*Matinée.*) — Don Quichotte.
(*Soirée.*) — En visite. — Le Duel.

5 — La Conversion d'Alceste. — Le Réveil.

6 — Il était une bergère... — Le Réveil.

7 — (*Matinée.*) — Le Dépit amoureux. — Le Monde où l'on s'ennuie.
(*Soirée.*) — En visite. — Le Duel.

8 — Le Petit hôtel. — Le Réveil.

9 — Les Phéniciennes. — Les Folies amoureuses.

10 — Le Cœur a ses raisons... — Le Réveil.

11 — (*Matinée.*) — Don Quichotte.
(*Soirée.*) — Les Phéniciennes. — Les Folies amoureuses.

12 — Le Cœur a ses raisons... — Le Réveil.

13 — Le Cœur a ses raisons... — Le Réveil.

14 — (*Matinée.*) — En visite. — Le Duel.
(*Soirée.*) — Le Médecin malgré lui. — Le Cid.

15 — 284ᵉ *Anniversaire de la naissance de Molière.* — Les Femmes savantes.
— Le Malade imaginaire. — Molière. (1ʳᵉ Représentation.) — La
Cérémonie.

16 — Les Phéniciennes. — Le Bonheur qui passe.

17 — 1807. — Le Réveil.

18 — (*Matinée.*) — Le Cid. — Bataille de dames.
(*Soirée.*) — Les Phéniciennes. — Le Bonheur qui passe.
19 — Les Caprices de Marianne. — Le Réveil.
20 — Les Caprices de Marianne. — Le Réveil.
21 — (*Matinée.*) — En visite. — Le Duel.
(*Soirée.*) — Horace et Lydie. — Le Monde où l'on s'ennuie.
22 — Les Caprices de Marianne. — Le Réveil.
23 — Le Demi-monde.
24 — Les Caprices de Marianne. — Le Réveil.
25 — (*Matinée.*) — Bataille de dames. — Le Cid.
(*Soirée.*) — Le Demi-monde.
26 — Les Caprices de Marianne. — Le Réveil.
27 — Les Caprices de Marianne. — Le Réveil.
28 — (*Matinée.*) — En visite. — Le Duel.
(*Soirée.*) — Le Marquis de Villemer.
29 — Les Caprices de Marianne. — Le Réveil.
30 — Le Marquis de Villemer.
31 — Les Caprices de Marianne. — Le Réveil.

FÉVRIER

1ᵉʳ— (*Matinée.*) — Gringoire. — On ne badine pas avec l'amour.
(*Soirée.*) — Le Marquis de Villemer.
2 — Les Caprices de Marianne. — Le Réveil.
3 — Les Caprices de Marianne. — Le Réveil.
4 — (*Matinée.*) — Les Affaires sont les affaires.
(*Soirée.*) — Le Fils naturel.
5 — Les Caprices de Marianne. — Le Réveil.
6 — Le Marquis de Villemer.
7 — Les Caprices de Marianne. — Le Réveil.
8 — (*Matinée.*) — Gringoire. — On ne badine pas avec l'amour.
(*Soirée.*) — Le Marquis de Villemer.
9 — En visite. — Le Duel.
10 — Les Caprices de Marianne. — Le Réveil.
11 — (*Matinée.*) — Le Fils naturel.
(*Soirée.*) — Le Dépit amoureux. — Œdipe roi.
12 — En visite. — Le Duel.
13 — Le Parasite. (1ʳᵉ Représentation à ce théâtre.) — On ne badine pas
avec l'amour.

14 — Les Caprices de Marianne. — Le Réveil.

15 — (*Matinée.*) — Le Marquis de Villemer.
(*Soirée.*) — Le Parasite. — On ne badine pas avec l'amour.

16 — Les Caprices de Marianne. — Le Réveil.

17 — Les Caprices de Marianne. — Le Réveil.

18 — (*Matinée.*) — En visite. — Le Duel.
(*Soirée.*) — Les Affaires sont les affaires.

19 — L'Énigme. — Le Marquis de Priola.

20 — Les Affaires sont les affaires.

21 — Les Caprices de Marianne. — Le Réveil.

22 — (*Matinée.*) — Le Marquis de Villemer.
(*Soirée.*) — Les Affaires sont les affaires.

23 — *En l'honneur de l'inauguration du monument d'Alfred de Musset.* —
Les Caprices de Marianne. — L'Apothéose de Musset. (1ᵉ Représentation.) — On ne badine pas avec l'amour.

24 — Les Caprices de Marianne. — Le Réveil.

25 — (*Matinée.*) — Le Bourgeois gentilhomme.
(*Soirée.*) — Les Fourberies de Scapin. — Le Misanthrope.

26 — *104ᵉ Anniversaire de la naissance de Victor Hugo.*
(*Matinée.*) — Ruy Blas.
(*Soirée.*) — Les Burgraves. — Le Couronnement (1).

27 — (*Matinée.*) — Les Femmes savantes. — Le Malade imaginaire.
(*Soirée.*) — Le Bourgeois gentilhomme.

28 — Les Caprices de Marianne. — Le Réveil.

MARS

1ᵉʳ — (*Matinée.*) — Les Phéniciennes. — Les Romanesques.
(*Soirée.*) — Le Bourgeois gentilhomme.

2 — Les Affaires sont les affaires.

3 — Les Caprices de Marianne. — Le Réveil.

4 — (*Matinée.*) — Les Affaires sont les affaires.
(*Soirée.*) — Le Marquis de Villemer.

5 — Le Fils de Giboyer.

6 — Le Bourgeois gentilhomme.

7 — Les Caprices de Marianne. — Le Réveil.

8 — (*Matinée.*) — Les Phéniciennes. — Les Romanesques.

(1) Consulter « Faits et Événements importants » dans la brochure de 1902 (p. 10).

8 — (*Soirée.*) — Le Bourgeois gentilhomme.

9 — En visite. — Le Duel.

10 — Les Caprices de Marianne. — Le Réveil.

11 — (*Matinée.*) — Les Caprices de Marianne. — Le Réveil.
(*Soirée.*) — Rome vaincue.

12 — Le Cœur a ses raisons... — Le Monde où l'on s'ennuie.

13 — Les Caprices de Marianne. — Les Femmes savantes.

14 — Les Caprices de Marianne. — Le Réveil.

15 — (*Matinée.*) — Rome vaincue.
(*Soirée.*) — Les Caprices de Marianne. — Les Femmes savantes.

16 — En visite. — Le Duel.

17 — Les Caprices de Marianne. — Le Réveil.

18 — (*Matinée.*) — Le Père Lebonnard.
(*Soirée.*) — En visite. — Le Duel.

19 — Hernani.

20 — Le Fils naturel.

21 — Il était une bergère... — Mademoiselle de la Seiglière.

22 — (*Matinée.*) — L'Avare. — Monsieur de Pourceaugnac.
(*Soirée.*) — Le Fils naturel.

23 — Le Demi-monde.

24 — Le Marquis de Villemer.

25 — (*Matinée.*) — L'Avare. — Monsieur de Pourceaugnac.
(*Soirée.*) — Tartuffe. — Les Folies amoureuses.

26 — La Vraie farce de maître Pathelin. — L'Aventurière.

27 — Hernani.

28 — La Conversion d'Alceste. — Le Père Lebonnard.

29 — (*Matinée.*) — L'Avare. — Monsieur de Pourceaugnac.
(*Soirée.*) — Hernani.

30 — Le Marquis de Villemer.

31 (1) — Hernani.

AVRIL

1er — (*Matinée.*) — Le Cid. — Les Romanesques.
(*Soirée.*) — Le Fils de Giboyer.

2 — Paraître. (1re Représentation.)

3 — Paraître.

4 — Paraître.

(1) L'après-midi, on a donné la répétition générale de : « Paraître. »

5 — (*Matinée*.) — Rome vaincue.
    (*Soirée*.) — Paraître.
6 — Il était une bergère... — Le Duel.
7 — Paraître.
8 — (*Matinée*.) — Le Père Lebonnard. — Le Testament de César Girodot.
    (*Soirée*.) — Gringoire. — Le Barbier de Séville.
9 — Paraître.
10 — Paraître.
11 — Paraître.
12 — (Relâche.)
13 — (Relâche.)
14 — (Relâche.)
15 — Trilby. — Le Baiser de Phèdre. — Phèdre.
16 — (*Matinée*.) — Il était une bergère... — Le Marquis de Villemer.
    (*Soirée*.) — Paraître.
17 — Le Cid. — Le Bonhomme Jadis.
18 — Paraître.
19 — (*Matinée*.) — Rue Saint-Thomas du Louvre. — Il était une bergère...
    — Shylock.
    (*Soirée*.) — Paraître.
20 — Paraître.
21 — Paraître.
22 — (*Matinée*.) — La Conversion d'Alceste. — Le Monde où l'on s'ennuie.
    (*Soirée*.) — Shylock. — Bataille de dames.
23 — Paraître.
24 — Les Effrontés.
25 — Paraître.
26 — (*Matinée*.) — Horace. — Le Testament de César Girodot.
    (*Soirée*.) — Les Effrontés.
27 — Paraître.
28 — Paraître.
29 — (*Matinée*.) — 1807. — Le Duel.
    (*Soirée*.) — Les Effrontés.
30 — Paraître.

MAI

1er — Les Caprices de Marianne. — Le Testament de César Girodot.
2 — Paraître.

3 — (*Matinée.*) — Horace. — Le Testament de César Girodot.
(*Soirée.*) — Shylock. — Philiberte.

4 — Paraître.

5 — Paraître.

6 — (*Matinée.*) — Shylock. — Le Testament de César Girodot.
(*Soirée.*) — L'École des maris. — Horace.

7 — Paraître.

8 — Le Fils naturel.

9 — Paraître.

10 — (*Matinée.*) — Rue Saint-Thomas du Louvre. — Le Parasite. — Le
Voyage de Monsieur Perrichon. (1re Représentation à ce théâtre.)
(*Soirée.*) — Le Cid. — Le Bonhomme Jadis.

11 — Paraître.

12 — Paraître.

13 — (*Matinée.*) — Les Affaires sont les affaires.
(*Soirée.*) — Ruy Blas.

14 — Paraître.

15 — Rue Saint-Thomas du Louvre. — Le Parasite. — Le Voyage de
Monsieur Perrichon.

16 — Paraître.

17 — (*Matinée donnée pour le monument de Pierre Corneille.*) — Hernani.
(*Soirée.*) — Rue Saint-Thomas du Louvre. — La Chance de Françoise. — Le Voyage de Monsieur Perrichon.

18 — Paraître.

19 — Paraître.

20 — (*Matinée.*) — La Chance de Françoise. — Le Duel.
(*Soirée.*) — Le Jeu de l'amour et du hasard. — Le Voyage de Monsieur Perrichon.

21 — Paraître.

22 — Rue Saint-Thomas du Louvre. — La Chance de Françoise. — Le
Voyage de Monsieur Perrichon.

23 — Paraître.

24 — (*Matinée.*) — Gringoire. — Le Marquis de Villemer.
(*Soirée.*) — Le Luthier de Crémone. — Le Voyage de Monsieur Perrichon.

25 — Paraître.

26 — Paraître.

27 — (*Matinée.*) — Gringoire. — Le Voyage de M. Perrichon.
(*Soirée.*) — Le Luthier de Crémone. — Le Réveil.

28 — Paraître.
29 — Les Effrontés.
30 — Paraître.
31 — Les Effrontés.

JUIN

1er — Paraître.
2 — Paraître.
3 — (*Matinée.*) — Les Caprices de Marianne. — Le Voyage de M. Perrichon.
 (*Soirée.*) — *Semaine de Corneille*. — La Mort de Pompée. — Stances à Corneille. (1re Représentation.) — Corneille et Richelieu.
4 — (*Matinée.*) — Le Menteur. — La France à Corneille. — Cinna.
 (*Soirée.*) — Paraître.
5 — (*Matinée.*) — Horace. — Psyché (1)

Mélite, Sonnet	CORNEILLE
A Marquise, Stances	CORNEILLE
Peste d'amour! Stances	CORNEILLE
Iris! Chanson	CORNEILLE

M. TRUFFIER

Les Victoires. (1re Représentation.)

(*Soirée.*) — Paraître.
6 — *300e Anniversaire de la naissance de Corneille*. — Les Victoires. — Nicomède. — Les Larmes de Corneille. (1re Représentation.) — Une Parisienne à Corneille (2). — Triomphe héroïque. (1re Représentation.) — Salut à Corneille. (1re Représentation.) — Couronnement.
7 — (*Matinée.*) — Les Larmes de Corneille. — Rodogune. — Stances à Corneille. — Les Victoires.
 (*Soirée.*) — Paraître.
8 — Le Dernier madrigal. — L'Illusion comique (3). — Corneille et Richelieu — Polyeucte.
9 — (*Matinée.*) — Les Larmes de Corneille. — Le Cid. — Vers l'aube de Corneille. (1re Représentation.) — Triomphe héroïque.

(1) 3e acte.
(2) C'est la même poésie que *Visite à Corneille* (6 juin 1886).
(3) II, 11 ; III, 111, 1v, v11, v111 et 1x.

9 — (*Soirée.*) — Paraître.

10 — (*Matinée.*) — Les Victoires. — Psyché (1). — L'Illusion comique (2).
— Polyeucte.
(*Soirée.*) — Le Dernier madrigal. — Les Larmes de Corneille. —
Nicomède. — Salut à Corneille.

11 — Paraître.

12 — *En l'honneur de l'inauguration de la statue d'Alexandre Dumas fils.* —
Francillon. — Les Trois Dumas. — Remerciement. (1re Représentation.) — Une Visite de noces.

13 — Paraître.

14 — La Chance de Françoise. — Le Réveil.

15 — Paraître.

16 — Paraître.

17 — (*Matinée.*) — La Mort de Pompée. — Le Voyage de M. Perrichon.
(*Soirée.*) — Francillon. — Une Visite de noces.

18 — Paraître.

19 — Paraître.

20 — Francillon. — Une Visite de noces.

21 — Paraître.

22 — Francillon. — Une Visite de noces.

23 — Paraître.

24 — (*Matinée.*) — Le Luthier de Crémone. — Le Réveil.
(*Soirée.*) — En visite. — Il était une bergère... — Le Voyage de
M. Perrichon.

25 — Paraître.

26 — Francillon. — Une Visite de noces.

27 — Paraître.

28 — Il était une bergère... — Le Duel.

29 — Paraître.

30 — Francillon. — Une Visite de noces.

JUILLET

1er— (*Matinée.*) — Francillon. — Une Visite de noces.
(*Soirée.*) — Le Cœur a ses raisons... — Le Duel.

2 — Gringoire. — Le Réveil.

3 — Paraître.

(1) 3e acte.
(2) II, ii; III, iii, iv, vii, viii et ix.

4 (1) — Francillon. — Une Visite de noces.

5 — La Fontaine de Jouvence. (1ʳᵉ Représentation.) — La Paix chez soi. (1ʳᵉ Représentation à ce théâtre.) — La Princesse de Bagdad.

6 — La Fontaine de Jouvence. — La Paix chez soi. — La Princesse de Bagdad.

7 — Paraître.

8 — (*Matinée gratuite.*) — Horace. — Les Folies amoureuses. (*Soirée.*) — Jean-Marie. — Le Marquis de Villemer.

9 — Les Caprices de Marianne. — Le Voyage de M. Perrichon.

10 — La Fontaine de Jouvence. — La Paix chez soi. — La Princesse de Bagdad.

11 — Paraître.

12 (2) — Francillon. — Une Visite de noces.

13 — La Joie fait peur. — Le Prétexte. (1ʳᵉ Représentation.) — La Fontaine de Jouvence.

14 — (*Matinée gratuite.*) — Nicomède. — L'Illusion comique (3). — La Marseillaise (dite par Mlle Dudlay). — L'Avare. (*Soirée.*) — (Relâche.)

15 — Hernani.

16 — Polyeucte. — Le Prétexte.

17 — Trilby. — Le Duel.

18 — En visite. — La Fontaine de Jouvence. — La Princesse de Bagdad.

19 — Francillon. — Une Visite de noces.

20 — La Princesse de Bagdad. — Le Prétexte.

21 — Les Caprices de Marianne. — Le Voyage de M. Perrichon.

22 — Horace. — Le Prétexte.

23 — Shylock. — Le Prétexte.

24 — Sans lui. — Le Duel.

25 — Nicomède. — Le Prétexte.

26 — Trilby. — Sans lui. — Le Réveil.

27 — Polyeucte. — Le Prétexte

28 — Francillon. — Une Visite de noces.

29 — Sans lui. — Le Flibustier. — Le Médecin malgré lui.

30 — L'Autographe. — L'Illusion comique (4). — L'Avare.

31 — Hernani.

(1) L'après-midi, on a donné la répétition générale de : « La Fontaine de Jouvence ».
(2) L'après-midi, on a donné la répétition générale de : « Le Prétexte. »
(3-4) II, ɪɪ ; III, ɪɪɪ, ɪᴠ, ᴠɪɪ, ᴠɪɪɪ et ɪx.

AOUT

1er — Jean-Marie. — Le Duel.
2 — Chez l'avocat. — Le Marquis de Villemer.
3 — Les Fourberies de Scapin. — Les Femmes savantes.
4 — La Revanche d'Iris. — Le Duel.
5 — Le Dépit amoureux. — Le Barbier de Séville.
6 — L'Aventurière. — Bataille de Dames.
7 — Horace et Lydie. — Le Gendre de M. Poirier.
8 — Le Mariage forcé. — Le Voyage de M. Perrichon.
9 — Le Prétexte. — Le Légataire universel.
10 — Tartuffe. — Le Malade imaginaire.
11 — Le Bonhomme Jadis. — Le Voyage de M. Perrichon.
12 — Il ne faut jurer de rien. — Le Prétexte.
13 — La Fontaine de Jouvence. — Mademoiselle de la Seiglière.
14 — Gringoire. — Le Voyage de M. Perrichon.
15 — L'Étourdi. — Le Malade imaginaire.
16 — L'Avare. — Le Prétexte.
17 — Le Dépit amoureux. — Le Barbier de Séville.
18 — Les Femmes savantes. — Le Prétexte.
19 — Les Plaideurs. — Le Bonhomme Jadis. — L'École des maris.
20 — L'École des femmes. — Les Fourberies de Scapin.
21 — La Fontaine de Jouvence. — Le Petit hôtel. — Il ne faut jurer de rien.
22 — Le Jeu de l'amour et du hasard. — Le Malade imaginaire.
23 — Chez l'avocat. — La Fontaine de Jouvence. — Le Légataire universel.
24 — Les Femmes savantes. — Le Médecin malgré lui.
25 — Le Rez-de-chaussée. — Le Barbier de Séville.
26 — Andromaque. — Le Malade imaginaire.
27 — Jean-Marie. — Le Jeu de l'amour et du hasard. — Les Fourberies de Scapin.
28 — Le Mariage forcé. — Le Monde où l'on s'ennuie.
29 — Hernani.
30 — Les Victoires. — Le Marquis de Villemer.
31 — Les Précieuses ridicules. — Le Barbier de Séville.

SEPTEMBRE

1er — Le Rez-de-chaussée. — Le Médecin malgré lui. — Les Folies amoureuses.

2 — Horace et Lydie. — La Joie fait peur. — Les Femmes savantes.

3 — Le Mariage forcé. — Le Monde où l'on s'ennuie.

4 — Les Folies amoureuses. — Le Cid.

5 — La Fontaine de Jouvence. — La Paix chez soi. — L'Aventurière.

6 — Le Cœur a ses raisons... — Blanchette.

7 — Hernani.

8 — L'Autographe. — La Nuit d'octobre. — L'Avare.

9 — La Vraie farce de maître Pathelin. — Phèdre.

10 — Ruy Blas.

11 — Le Flibustier. — Horace.

12 — Hernani.

13 — Trilby. — Le Marquis de Villemer.

14 — Ruy Blas.

15 — Shylock. — Il ne faut jurer de rien.

16 — (*Matinée gratuite*.) — L'Avare. — Les Folies amoureuses.
(*Soirée*.) — L'École des maris. — Le Cid.

17 — La Fontaine de Jouvence. — L'Aventurière. — Le Petit hôtel.

18 — Hernani.

19 — Jean-Marie. — Le Marquis de Villemer.

20 — La Conversion d'Alceste. — Mademoiselle de la Seiglière.

21 — Les Romanesques. — Tartuffe.

22 — Le Demi-monde.

23 — (*Matinée*.) — Polyeucte. — Le Malade imaginaire.
(*Soirée*.) — Horace et Lydie. — Le Père Lebonnard.

24 — L'Énigme. — La Paix chez soi. — Gringoire.

25 — Il était une bergère... — Le Marquis de Priola.

26 — Blanchette. — L'Étincelle.

27 — Le Cœur a ses raisons... — Le Duel.

28 — Le Demi-monde.

29 — La Fontaine de Jouvence. — L'Énigme. — Bataille de dames.

30 — (*Matinée*.) — Blanchette. — Le Voyage de M. Perrichon.
(*Soirée*.) — Au printemps. — Le Marquis de Priola.

OCTOBRE

1er— Sans lui. — Le Marquis de Villemer.

2 — Le Demi-monde.

3 — La Fontaine de Jouvence. — Le Duel.

4 — La Femme de Tabarin. — Le Marquis de Priola.

5 — Hernani.

6 — L'Énigme. — Le Voyage de M. Perrichon.

7 — (*Matinée.*) — L'Avare. — Le Bonhomme Jadis. — Les Romanesques.
(*Soirée.*) — Le Demi-monde.

8 — Gringoire. — Mademoiselle de la Seiglière.

9 — La Princesse de Bagdad. — Le Prétexte.

10 — Paraître.

11 — Les Caprices de Marianne. — Le Voyage de M. Perrichon.

12 — Le Fils naturel.

13 — Paraître.

14 — (*Matinée.*) — La Femme de Tabarin. — Tartuffe. — Le Prétexte.
(*Soirée.*) — Les Affaires sont les affaires.

15 (1) — Les Caprices de Marianne. — Le Voyage de M. Perrichon.

16 — La Courtisane. (1re Représentation.)

17 — Paraître.

18 — La Courtisane.

19 — La Courtisane.

20 — Paraître.

21 — (*Matinée.*) — Les Affaires sont les affaires.
(*Soirée.*) — L'Énigme. — Le Voyage de M. Perrichon.

22 — La Courtisane.

23 — Paraître.

24 — La Courtisane.

25 — Le Demi-monde.

26 — Hernani.

27 — L'Énigme. — Le Duel.

28 — (*Matinée.*) — Paraître.
(*Soirée.*) — Le Cid. — La Joie fait peur.

29 — Ruy Blas.

30 — Paraître.

31 — La Fontaine de Jouvence. — Le Marquis de Priola.

(1) L'après-midi, on a donné la répétition générale de : « La Courtisane. »

NOVEMBRE

1ᵉʳ— (*Matinée*.) — La Femme de Tabarin. — Le Monde où l'on s'ennuie.
(*Soirée*.) — Les Affaires sont les affaires.

2 — Paraître.

3 — L'Énigme. — Le Duel.

4 — (*Matinée*.) — Paraître.
(*Soirée*.) — Le Fils de Giboyer.

5 — Le Cœur a ses raisons... — Le Marquis de Priola.

6 — Il était une bergère... — Le Duel.

7 — Paraître.

8 — (*Matinée*.) — La Fontaine de Jouvence. — Corneille et Richelieu. —
Nicomède.
(*Soirée*.) —Le Demi-monde.

9 — Le Dédale.

10 — Paraître.

11 — (*Matinée*.) — Le Dédale.
(*Soirée*.) — L'Énigme. — Le Marquis de Priola.

12 — Paraître.

13 (1) — Le Prétexte. — OEdipe roi.

14 - Les Mouettes. (1ʳᵉ Représentation.)

15 — (*Matinée*.) — La Fontaine de Jouvence. — Corneille et Richelieu. —
Nicomède.
(*Soirée*.) — Les Mouettes.

16 — Le Dédale.

17 — Les Mouettes.

18 — (*Matinée*.) — Paraître.
(*Soirée*.) — Le Petit hôtel. — Le Duel.

19 — L'Autographe. — Les Mouettes.

20 — Le Dédale.

21 — Horace et Lydie. — Les Mouettes.

22 — (*Matinée*.) — Polyeucte. — Les Précieuses ridicules.
(*Soirée*.) — Paraître.

23 — Sans lui. — Les Mouettes.

24 — Le Bonhomme Jadis. — Les Mouettes.

25 — (*Matinée*.) Paraître.

(1) L'après-midi, on a donné la répétition générale de : « Les Mouettes. »

25 — (*Soirée.*) — Les Caprices de Marianne. — Le Voyage de Monsieur Perrichon.

26 — Le Demi-monde.

27 — Gringoire. — Les Mouettes.

28 — Paraître.

29 — (*Matinée.*) — Polyeucte. — Les Précieuses ridicules.
(*Soirée.*) - L'Énigme — Le Duel.

30 — Le Luthier de Crémone. — Les Mouettes.

DÉCEMBRE

1er— Il était une bergère... — Le Marquis de Priola.

2 — (*Matinée.*) — Il ne faut jurer de rien. — Le Voyage de Monsieur Perrichon.
(*Soirée.*) — Le Plaisir de rompre. — Les Mouettes.

3 — Le Prétexte. — Polyeucte.

4 — Le Plaisir de rompre. — Les Mouettes.

5 — Francillon. — Une Visite de noces.

6 — (*Matinée.*) — Les Femmes savantes. — Le Prétexte.
(*Soirée.*) — Le Plaisir de rompre. — Les Mouettes.

7 — Gringoire. — Francillon.

8 (1) — La Fontaine de Jouvence. — Les Mouettes.

9 — (*Matinée.*) — Il ne faut jurer de rien. — Le Voyage de Monsieur Perrichon.
(*Soirée.*) — Francillon. — Une Visite de noces.

10 — Poliche. (1re Représentation.)

11 — Poliche.

12 — Le Luthier de Crémone. — Les Mouettes.

13 — (*Matinée.*) — Les Femmes savantes. — Le Prétexte.
(*Soirée.*) — Poliche.

14 — Le Bonhomme Jadis. — Les Mouettes.

15 — La Fontaine de Jouvence. — Francillon.

16 — (*Matinée.*) — Il ne faut jurer de rien. — Le Voyage de Monsieur Perrichon.
(*Soirée.*) — Les Femmes savantes. — Le Médecin malgré lui.

17 — Poliche.

18 — Poliche.

---

(1) L'après-midi, on a donné la répétition générale de : « Poliche. »

19 — Le Petit hôtel. — Les Mouettes.

20 — (*Matinée.*) — Cinna. — Le Malade imaginaire.
   (*Soirée.*) — Poliche.

21 — 267ᵉ *Anniversaire de la naissance de Racine.* — Les Plaideurs. — Un
   Tour de Ninon. (1ʳᵉ Représentation.) — Pour l'anniversaire de
   Racine (1). — Bérénice.

22 — Poliche.

23 — (*Matinée.*) — La Joie fait peur. — Les Mouettes.
   (*Soirée.*) — Hernani.

24 — (*Matinée.*) — Il ne faut jurer de rien. — Le Voyage de Monsieur Perrichon.
   (*Soirée.*) — Poliche.

25 — (*Matinée.*) — Un Tour de Ninon. — Bérénice. — Le Prétexte.
   (*Soirée.*) — Corneille et Richelieu. — Les Mouettes.

26 — Poliche.

27 — (*Matinée.*) — Cinna. — Le Malade imaginaire.
   (*Soirée.*) — Corneille et Richelieu. — Les Mouettes.

28 — Poliche.

29 — Poliche.

30 — (*Matinée.*) — Les Caprices de Marianne. — Le Monde où l'on
   s'ennuie.
   (*Soirée.*) — Cinna. — Monsieur de Pourceaugnac.

31 — (*Matinée.*) — L'Énigme. — Le Duel.
   (*Soirée.*) — Poliche.

(1) C'est la même poésie que *Stances à Racine* (21 décembre 1865).

RÉPERTOIRE DES RÔLES INTERPRÉTÉS

PAR

M. FENOUX [1]

11 décembre 1895 — 31 décembre 1900

1895

Andromaque. (ORESTE.) . . . . 11 Décembre.

1896

Le Fils de l'Arétin. (FRANCO.) . . . . 8 Janvier.
Hernani. (HERNANI.) . . . . 20 —
Ruy Blas. (DON ANTONIO UBILLA.). . . . . 26 Février.
Hamlet. (FORTINBRAS.) . . . . 26 Mai.
L'Ami des femmes. (DE MONTÈGRE.). . . . . 31 —
Hamlet. (BERNARDO.). 21 Juillet.
Severo Torelli. (FRA PAOLO.). . . . . 30 —
Hernani. (DON MATIAS.) . . . . 15 Août.
Britannicus. (NÉRON.) . . . . 26 —
Charles VII chez ses grands vassaux. (GUY-RAYMOND.). 1er Septembre.

1897

Hernani. (DON SANCHO.) . . . . 20 Janvier.
Hernani. (LE DUC DE BAVIÈRE.) . . . . 28 —
Frédégonde. (RUSWALD.) 1re Représentation . . . . 14 Mai.
Œdipe roi. (LE PRÊTRE DE JUPITER.). . . . . 19 Juin.

[1] M. Fenoux avait joué à la Comédie-Française le rôle de Jumelot dans *Thermidor* (le 24 janvier 1891), alors qu'il était encore élève au Conservatoire.

Ruy Blas. (Le Comte de Camporéal.) . . . .   2 Septembre.
Grisélidis. (Le Prieur.).   4   —
Le Cid. (Don Rodrigue.)   5   —
Tristan de Léonois. (Argius, roi d'Irlande.) 1re Représen-
    tation . . . .   29 Octobre.
Athalie. (Mathan.). . . . .   21 Décembre.
La Fille de Roland. (Radbert.).   30   —

1898

Les Effrontés. (Le Vicomte d'Isigny.) . . . .   15 Mars.
La Martyre. (Sergius.) 1re Représentation . . . .   18 Avril.
Bajazet. (Acomat.)   28   —
La Martyre. (Zythophanès.) . . . .   4 Mai.
Cinna. (Cinna.). . . . .   6 Juin.
Le Monde où l'on s'ennuie. (Virot.) . . . .   4 Juillet.
La Joie fait peur. (Octave.)   10   —
La Mégère apprivoisée. (Hortensio.) . . . .   16 Août.
Louis XI. (Commine.) . . . .   12 Septembre.
Struensée. (Un Étudiant.) 1re Représentation . . . .   5 Novembre.
Struensée. (Jean Struensée.). . . . .   5 Décembre.
Phèdre. (Hippolyte.)   21   —

1899

Ruy Blas. (Don Salluste de Bazan.) . . . .   26 Janvier.
Othello. (Rodrigue.) 1re Représentation. . . . .   27 Février.
Le Monde où l'on s'ennuie. (Melchior de Boines.) . . . .   8 Avril.
Bérénice. (Paulin.)   21   —
Le Cid (Don Sanche.) . . . .   17 Août.

1900

Diane de Lys. (Le Duc.)1re Représentation à ce théâtre .   19 Février.
Mithridate. (Pharnace.). . . . .   23 Septembre.
Charlotte Corday. (Barbaroux.) . . . .   8 Novembre.
Alkestis. (Apollon.) 1re Représentation.   16   —
Le Cid (Don Alonse.) . . . .   29 Décembre.

TABLE ALPHABÉTIQUE GÉNÉRALE

DE TOUTES LES PIÈCES REPRÉSENTÉES DEPUIS 1901

LES PREMIÈRES REPRÉSENTATIONS SONT INDIQUÉES EN CARACTÈRES ITALIQUES

A quoi rêvent les jeunes filles. 1905.
Adrienne Lecouvreur. 1901.
Affaires sont les affaires (les). 1903, 04, 05, 06.
Alkestis. 1901.
Ames en peine (les). 1903.
Ami des femmes (l'). 1901, 04.
Ami Fritz (l'). 1901, 02, 03, 04.
Amiral (l'). 1901.
Amoureuse amitié. 1901.
Amphitryon. 1905.
Andromaque. 1901, 02, 03, 04, 05, 06.
Anglais (l'). 1901, 05.
Apothéose de Musset (l'). 1906.
Au printemps. 1903, 04, 05, 06.
Autographe (l'). 1902, 03, 05, 06.
Autre danger (l'). 1902, 03, 04.
Autre motif (l'). 1902, 03.
Avare (l'). 1901, 02, 03, 04, 05, 06.
Aventurière (l'). 1901, 02, 03, 04, 05, 06.
Baiser (le). 1901, 02.
Baiser de Phèdre (le). 1905, 06.
Bajazet. 1905.
Barbier de Séville (le). 1901, 03, 04, 05, 06.
Bataille de dames. 1901, 02, 03, 04, 05, 06.
Bérénice. 1901, 03, 06.
Blanchette. 1903, 04, 05, 06.
Bonheur qui passe (le). 1901, 02, 03, 04, 05, 06.
Bonhomme Jadis (le). 1901, 02, 03, 04, 05, 06.
Bourgeois gentilhomme (le). 1903, 06
Britannicus. 1902, 04.
Burgraves (les). 1902, 03, 04, 05, 06.
Cabotins ! 1901.
Caprice (un). 1904.
Caprices de Marianne (les). 1906.
Cérémonie (la). 1901, 02, 03, 04, 05, 06.

Chance de Françoise (la). 1902, 06.
Chant du départ (le). 1901.
Chez l'avocat. 1905, 06.
Cid (le). 1901, 02, 03, 04, 05, 06.
Cigale chez les fourmis (la). 1901, 04, 05.
Cinna. 1901, 06.
Claudie. 1904, 05.
Cœur a ses raisons... (le). 1904, 05, 06.
Compliment. 1905.
Conscience de l'enfant (la). 1902.
Conversion d'Alceste (la). 1905, 06.
Corneille et Lulli. 1903.
Corneille et Richelieu. 1906.
Coupe enchantée (la). 1901, 02.
Couronne de Racine (la). 1901.
Couronnement (le). 1902, 03, 04, 05, 06.
Courtisane (la). 1906.
Crispin médecin. 1903.
Critique de l'École des femmes (la). 1903.
Dans l'idéal pays... 1901.
Dédale (le). 1903, 04, 06.
Demi-monde (le). 1901, 04, 05, 06.
Demoiselles de Saint-Cyr (les). 1902, 03, 04.
Denise. 1901, 02, 03, 04, 05.
Dépit amoureux (le). 1901, 02, 03, 04, 05, 06.
Député de Bombignac (le). 1901, 02.
Dernier madrigal (le). 1901, 02, 03, 06.
Dernière idole (la). 1904, 05.
Diane de Lys. 1901.
Diner de Pierrot (le). 1901, 02.
Don Quichotte. 1905, 06.
Duel (le). 1905, 06.
Dupont et Durand. 1904.
École des femmes (l'). 1901, 02, 03, 04, 05, 06.
École des maris (l'). 1902, 03, 04, 05, 06.
Effrontés (les). 1901, 02, 04, 06.
En visite. 1905, 06.

Énigme (l'). 1901, 02, 03, 04, 06.
Épreuve (l'). 1901.
Été de la Saint-Martin (l'). 1901, 02.
Étincelle (l'). 1901, 03, 04, 05, 06.
Étourdi (l'). 1904, 05, 06.
Étrangère (l'). 1901, 04, 05.
Faute de s'entendre. 1901, 02.
Femme de Tabarin (la). 1903, 06.
Femmes savantes (les). 1901, 02, 03, 04, 05, 06.
Fille de Roland (la). 1903, 04.
Filles de Corneille (les). 1902.
Fils de Giboyer (le). 1905, 06.
Fils naturel (le). 1901, 02, 03, 05, 06.
Flibustier (le). 1901, 02, 03, 04, 05, 06.
Folies amoureuses (les). 1901, 02, 03, 05, 06.
Fontaine de Jouvence (la). 1906.
Fourberies de Scapin (les). 1901, 02, 04, 05, 06.
France à Corneille (la). 1906.
Francillon. 1904, 06.
François le Champi. 1901, 02, 03.
Frêle et forte. 1902.
Frère aîné (le). 1901.
Froufrou. 1901.
Gendre de Monsieur Poirier (le). 1901, 02, 03, 04, 05, 06.
Gertrude. 1902, 03
Grammaire (la). 1902.
Gringoire. 1901, 02, 03, 04, 05, 06.
Hamlet. 1904.
Hernani. 1901, 02, 03, 04, 05, 06.
Histoire du vieux temps. 1901.
Horace. 1901, 02, 03, 04, 05, 06.
Horace et Lydie. 1901, 02, 03, 04, 05, 06.
Hyacinthe ou la Fille de l'apothicaire. 1905.
Idylle. 1905.
Il était une bergère... 1905, 06.
Il ne faut jurer de rien. 1901, 02, 03, 04, 05, 06.
Illusion comique (l'). 1906.
Iphigénie en Aulide. 1904, 05.
Irrésolu (l'). 1903, 04, 05.
Jean-Marie. 1903, 04, 05, 06.
Jeu de l'amour et du hasard (le). 1901, 02, 03, 04, 05, 06.
Joie fait peur (la). 1901, 02, 03, 04, 05, 06.
Joueur (le). 1901, 03, 04.
Klephte (le). 1901, 02.
Larmes de Corneille (les). 1906.
Légataire universel (le). 1905, 06.
Legs (le). 1904, 05.
Loi de l'homme (la). 1904, 05.

Louis XI. 1902, 03, 04.
Luthier de Crémone (le). 1901, 02, 06.
Mademoiselle de Belle-Isle. 1902, 03.
Mademoiselle de la Seiglière. 1901, 02, 03, 04, 05, 06.
Malade imaginaire (le). 1901, 02, 03, 04, 05, 06.
Mari de la veuve (le). 1902, 03, 04, 05.
Mariage de Figaro (le). 1902, 04.
Mariage forcé (le). 1901, 02, 03, 04, 05, 06.
Mariage de Victorine (le). 1902.
Marquis de Priola (le). 1902, 03, 04, 05, 06.
Marquis de Villemer (le). 1906.
Médecin malgré lui (le). 1901, 02, 03, 04, 05, 06.
Médée. 1903, 04.
Mémoire (le). 1902, 03.
Ménechmes (les). 1901, 02, 03.
Menteur (le). 1901, 02, 04, 06.
Mercure galant (le). 1901, 03, 05.
1807. 1903, 04, 05, 06.
Misanthrope (le). 1901, 02, 03, 04, 05, 06.
Mithridate. 1902, 03.
Molière. 1906.
Molière et sa servante. 1903.
Molière et Scaramouche. 1904, 05.
Monde où l'on s'ennuie (le). 1901, 03, 04, 05, 06.
Monsieur de Pourceaugnac. 1901, 02, 05, 06.
Monsieur Scapin. 1901.
Mort de Pompée (la). 1906.
Mouettes (les). 1906.
Nicomède. 1906.
Notre jeunesse. 1904, 05.
Nuage (le). 1901, 02.
Nuit de mai (la). 1901, 04.
Nuit d'octobre (la). 1901, 05, 06.
OEdipe roi. 1901, 02, 03, 04, 05, 06.
On ne badine pas avec l'amour. 1901, 03, 06.
On n'oublie pas... 1904, 05.
Othello, le More de Venise. 1901, 02.
Ouvriers (les). 1902.
Paix chez soi (la). 1902.
Paix du ménage (la). 1902.
Paon (le). 1904, 05.
Paraître. 1906.
Parasite (le). 1906.
Parisienne à Corneille (une) (1). 1906.
Partie de piquet (la). 1901, 02.
Passé (le). 1902, 03.
Patrie! 1901, 02.
Père Lebonnard (le). 1904, 05, 06.
Petit hôtel (le). 1905, 06.
Petite amie (la). 1902.

(1) C'est la même poésie que *Visite à Corneille* (6 juin 1886).

(1) C'est la même poésie que *Stances à Racine* (21 décembre 1865).

TABLE DES MATIÈRES

PARIS

TYPOGRAPHIE PLON-NOURRIT et Cie

8, RUE GARANCIÈRE

PARIS

TYPOGRAPHIE PLON-NOURRIT ET Cie

RUE GARANCIÈRE, 8

Imprimé en France
FROC021635120919
22129FR00010B/471/P

9 782329 312781